国家自然科学基金项目（52062014）
江西省社会科学规划项目（17BJ42）
江西省高校人文社会科学研究项目（GL19204）
江西省教育厅科学技术研究项目（GJJ180359）

"路怒"驾驶行为诱发机理及自适应识别方法研究

万　平 ◎ 著

西南交通大学出版社
·成　都·

图书在版编目（ＣＩＰ）数据

"路怒"驾驶行为诱发机理及自适应识别方法研究 /
万平著. —成都：西南交通大学出版社，2021.10
ISBN 978-7-5643-8231-5

Ⅰ. ①路…　Ⅱ. ①万…　Ⅲ. ①汽车驾驶 – 研究　Ⅳ.
①U471.1

中国版本图书馆 CIP 数据核字（2021）第 175547 号

"Lunu" Jiashi Xingwei Youfa Jili ji Zishiying Shibie Fangfa Janjiu
"路怒"驾驶行为诱发机理及自适应识别方法研究

万 平 著

责 任 编 辑	张宝华
封 面 设 计	曹天擎
	西南交通大学出版社
出 版 发 行	（四川省成都市金牛区二环路北一段 111 号 西南交通大学创新大厦 21 楼）
发行部电话	028-87600564　028-87600533
邮 政 编 码	610031
网　　　址	http://www.xnjdcbs.com
印　　　刷	成都勤德印务有限公司
成 品 尺 寸	170 mm × 230 mm
印　　　张	13.25
字　　　数	228 千
版　　　次	2021 年 10 月第 1 版
印　　　次	2021 年 10 月第 1 次
书　　　号	ISBN 978-7-5643-8231-5
定　　　价	68.00 元

　　"路怒"驾驶，即"路怒症"，是指在道路交通堵塞的情况下，因开车压力和挫折所造成的一种愤怒情绪，情况严重时甚至可能出现攻击性驾驶行为，严重威胁双方驾驶员及乘客的安全和道路交通。"路怒症"正逐渐成为一种影响交通安全的社会问题。驾驶人产生愤怒情绪后，其感知、判断、决策与执行能力都会下降，最终影响其驾驶绩效，并可能导致交通违规或交通事故的产生。因此，有必要量化驾驶愤怒情绪影响因素，并挖掘基于多影响因素耦合作用下的驾驶愤怒情绪诱发机理，从宏观上实现对驾驶愤怒状态的准确预测。此外，进一步探索愤怒情绪下的生理与驾驶行为特征，从微观上实现对驾驶愤怒状态的精确识别。本书主要研究工作如下：

　　（1）基于特殊场景刺激以及多人交互驾驶刺激的愤怒情绪诱导方法开展了 21 组模拟实验；基于道路事件刺激以及限时压力刺激的愤怒情绪诱导方法开展了 30 组实车实验，获得了愤怒情绪的影响因素以及愤怒状态下的生理、驾驶操作行为与车辆运动状态数据。研究结果表明，本书的基于模拟实验与实车实验的愤怒诱导方法是有效的，且愤怒情绪诱导成功率分别达 74.60% 与 84.37%。

　　（2）基于 Multinominal Logit（MNL）方法建立了驾驶愤怒强度选择（预测）模型，并对驾驶人个体与环境等诱发因素进行了敏感度分析，实现了对驾驶愤怒情绪诱发机理的深度挖掘。测试结果表明，基于 MNL 的预测模型对正常驾驶、低强度愤怒驾驶、中强度愤怒驾驶与高强度愤怒驾驶等四种驾驶愤怒状态的预测准确率达到 77.34%。敏感度分析结果表明，驾龄、气质与周围车辆不文明驾驶情况是愤怒情绪产生的三种决定性因素，可在驾驶培训和交通管控中对这些因素进行重点监控。

　　（3）采用多种时域和频域的特征生成方法以及方差分析方法提取了

能有效区分不同愤怒强度的四种生理特征，如 BVP，ECG 样本熵（ECG_SampEn）与 EEG 的 β 波相对功率谱（EEG_β%）等。运用接受者操作特征曲线（receiver operating characteristic，ROC）分析方法确定了不同愤怒强度的最佳判别阈值，并基于多种特征指标的判别阈值，对不同驾驶愤怒强度进行了精确标定。采用同样的特征提取方法提取了能有效区分不同愤怒强度的九种驾驶行为特征，包括方向盘转角标准（SWA_Std）、方向盘转角下四分位值均值（SWAQ1_Mean）与加速踏板踩踏速度均值（PSAP_Mean）等六种操作行为特征与加速度标准差（Acc_Std）、横摆角速度标准差（YR_Std）与车道位置标准差（LP_Std）等三种车辆运动状态特征。

（4）为了提高驾驶愤怒状态识别的实时性，本书采用序列浮动前向选择（sequential forward floating selection，SFFS）算法和最小二乘支持向量机（least square support vector machine，LSSVM）算法进行特征选择，建立了含有九个生理和驾驶行为特征的最优特征子集。最后，本书融合三个驾驶人个体与环境特征、三个生理特征与六个驾驶行为特征，建立了基于双层置信规则库（belief rule base，BRB）的驾驶愤怒状态识别模型，并利用实际样本数据对该模型进行了优化训练。验证结果表明，该模型对四种愤怒强度的驾驶状态的平均识别率分别为：Acc，84.26%；平均查全率 TPR，82.71%；平均查准率 PPA 为 80.14%，识别效果要好于 LSSVM，C4.5，NBC，KNN 和 BPNN 等常用分类模型。同时考虑了驾驶人的个体差异性，提出了驾驶愤怒状态自适应识别方法，提高了识别模型的泛化能力与准确率。本书研究结果可为驾驶愤怒状态预测、识别、预警或干预系统的开发提供理论支撑。

本书研究工作受到"国家自然科学基金项目（52062014）""江西省社会科学规划项目（17BJ42）""江西省高校人文社会科学研究项目（GL19204）""江西省教育厅科学技术研究项目（GJJ180359）"的资助。

限于作者水平，书中难免存在不妥之处，恳请读者批评指正。

万 平

2021 年 5 月

于华东交通大学孔目湖畔

目录

CONTENTS

第 1 章　绪　论 ··· 001
　1.1　研究背景和意义 ·· 001
　1.2　驾驶情绪研究现状 ·· 004
　1.3　国内外研究存在的问题 ··· 016
　1.4　主要研究内容 ··· 019

第 2 章　愤怒驾驶实验设计及数据采集 ································ 023
　2.1　实验目的 ··· 023
　2.2　愤怒驾驶实验设计 ·· 023
　2.3　模拟实验设计 ··· 030
　2.4　实车实验设计 ··· 037
　2.5　数据预处理 ··· 044
　2.6　小结 ··· 049

第 3 章　驾驶愤怒状态预测模型及诱发因素敏感度分析 ········· 051
　3.1　驾驶愤怒情绪诱发因素分析 ···································· 051
　3.2　驾驶愤怒强度预测模型 ·· 053
　3.3　诱发因素敏感度分析 ·· 067
　3.4　小结 ··· 078

第 4 章　驾驶愤怒状态下生理特征分析及其强度标定 ············ 080
　4.1　情绪与生理 ··· 080
　4.2　常规生理特征 ··· 083

4.3 心电特征 ·· 088

4.4 脑电特征 ·· 093

4.5 基于生理阈值的愤怒强度标定 ····························· 101

4.6 小结 ··· 119

第 5 章 愤怒驾驶行为特征分析 121

5.1 方向盘转角 ·· 121

5.2 加速踏板开度 ··· 129

5.3 加速度与横摆角速度 ·· 133

5.4 车头时距 ·· 138

5.5 车道偏离 ·· 141

5.6 小结 ·· 144

第 6 章 驾驶愤怒状态识别模型研究 146

6.1 驾驶愤怒特征参数选择优化 ·································· 146

6.2 置信规则库推理的基本原理与方法 ······················ 160

6.3 驾驶愤怒状态识别模型 ·· 166

6.4 驾驶愤怒状态自适应识别方法 ······························ 179

6.5 小结 ·· 184

第 7 章 结论与展望 185

7.1 研究工作总结 ··· 185

7.2 主要创新点 ··· 186

7.3 研究展望 ·· 187

参考文献 ·· 189

1.1　研究背景和意义

1.1.1　交通安全中的人为因素

汽车保有量的快速增长有效促进了世界各国社会经济的快速发展，提高了人们的生活水平，但随之而来的交通事故等交通安全问题也层出不穷。世界卫生组织统计显示，全世界每年道路交通事故中的死亡人数和受伤人数分别为 120 万人、5 000 万人[1]。在我国，道路交通安全形势极其严峻。《中国道路交通事故统计年报》显示，2015 年全国交通事故次数为 187 781 次，造成 58 022 人死亡，199 880 人受伤，直接经济损失 10.37 亿元。虽然交通事故总次数比前几年有所降低，但总的交通事故次数与致死人数仍旧很高，而且造成的经济损失并未显著下降（2013 年为 10.39 亿元，2014 年为 10.75 亿元[2]）。

道路交通系统是一个由人、车、道路与环境等因素构成的复杂系统，所以，交通事故通常也由这几个因素导致，但各因素对事故的影响程度不同。目前，国内外相关学者运用事故现场调查、车辆结构检验和对幸存者访问等方法对大量的交通事故进行了致因分析。英国的研究结果表明，65% 的道路交通事故仅由驾驶人引起，而约 95% 的道路交通事故与驾驶人有关，即由驾驶人与车辆或道路环境组成的系统造成。我国的研究结果表明，90% 的事故由驾驶人引起，约 30% 的事故由道路环境造成，约 10% 的事故由车辆故障引起[3]。随着社会经济的发展，人们的生活节奏越来越快，由于道路等基础设施的限制与交通管理手段的相对滞后，交通拥挤堵塞成为一个较为常见的现象，致使争夺时间抢行违法的车辆越来越多。而周边车辆的违法抢行、加塞与强行超车等不良驾驶行为，使得驾驶人之间的冲突越来越多，导致驾驶人产生各种不良情绪。

1.1.2　人为因素中的情绪问题

在驾驶人产生的诸多不良情绪中，愤怒情绪对道路安全的威胁最大。其中，"路怒症"（road rage）是由生活压力、挫折或不友好的交通环境等因素诱发的驾驶愤怒情绪[4]。交通拥堵、行人横穿马路、周边驾驶人加塞抢道等事件往往会诱发驾驶人的愤怒情绪。而愤怒情绪又会影响驾驶人的感知、判断、决策与操作过程，导致其产生违法跟车、超车或随意换道等危险驾驶行为，更有甚者还会产生有意追尾、堵截与言语侮辱威胁等失控行为，给道路交通埋下巨大的安全隐患，甚至导致交通事故的发生[5]。自 20 世纪 70 年代以来，因驾驶人的愤怒情绪引发的冲突事件和交通事故逐渐引起人们的广泛关注。美国近年来的交通事故报告显示，每年与"路怒症"相关的道路交通事故数占交通事故总数的 10%～20%。相关学者进一步对美国 9 282 位驾照持有者进行现场调查，显示 5%～7%的被调查者患有"路怒症"，其中，出租车、卡车与公交车等营运驾驶人中有 30% 患有"路怒症"[6]。2014 年 7 月 16 日，俄罗斯莫斯科市发生了一起因口角而导致一名驾驶人被另外一名愤怒驾驶人开车撞击的恶性事故[7]。2015 年 5 月 28 日，美国华盛顿特区西南方向的 295 号州际公路发生了一起因"路怒症"而引发的枪击案，造成 1 人死亡 1 人重伤[8]。

在我国，有关"路怒症"的研究起步较晚。2006 年度中文新词榜中首次出现了"路怒"一词，这也是该词首次出现在我国媒体上，于是，道路交通中的"路怒"事件开始引起人们的广泛关注。同年，针对我国驾驶人的"路怒症"、人际关系障碍与处事偏执等心理问题，上海心潮心理咨询中心做了相应的问卷调查，结果显示，我国有心理障碍的驾驶人达 59.8%，其中，高达 80% 的长途运输驾驶人有心理障碍，其次是私家车驾驶人，其心理障碍发生率达 44.4%[9]。2008 年 5 月，SOHU 网汽车栏目对 9 620 名中国驾驶人的"路怒症"问题进行了网络问卷调查，调查结果表明，60.72% 的驾驶人患有"路怒症"，82.45% 的驾驶人遇到他人违法驾驶时会产生愤怒情绪[10]。2010 年 6 月,《中国青年报》社会调查中心对 2 023 名驾驶人(其中 30.4% 的人经常开车)展开调查,结果显示,86.5% 的被调查者曾经遇见过"路怒症"驾驶人,23.4% 的被调查者认为自己就是"路怒症"驾驶人[11]。由"路怒症"引发的交通事故层出不穷。2009 年,呼和浩特市某十字路口发生了一起两车剐擦事故,事故双方因此激烈争吵,致使一人极为愤怒,并由此引发了一场 1 人死亡 3 人受伤的恶性事故[12]。2013 年 7 月 17 日,《钱江晚报》报道了宁波和绍兴发生的三起由"路怒"引发的交通事故[13],并总结出"路怒症"是高温天气状况下的头号马路杀手。2015 年 5 月 3 日,成都市一名女性驾驶人由于其粗鲁的换道行为导致另外一名年轻男性驾驶人极为愤怒,最终痛殴该女性驾驶人并将其打成重度脑震荡[14]。2015 年 7 月 2 日,北京房山区两名驾驶人互相开斗气车,其中一车被别后撞向路边公交站台,导致 5 人死亡[15]。综上所述,我国的"路怒症"形势较为严峻。

1.1.3 "路怒症"研究意义

"路怒症"属于阵发型心理障碍疾病,轻则对他人做出不友好的手势、与他人发生口角,包括语言威胁、侮辱等,重则对他人施行攻击,极易诱发交通事故。研究表明,愤怒情绪易导致驾驶人分神,妨碍其驾驶技术的正常发挥,让其感到疲劳,甚至会驱使驾驶人无视职业道德并使其感情用事[16]。

我国的汽车发展历史比西方发达国家短,而且由于交通监管力量不足等原因,我国驾驶人的交通法规遵守程度较低,其有意或无意的违法驾驶行为较多。此外,由于交通设施建设以及交通管理方式相对落后,我国城市道路中,行人、非机动车与机动车混行的现象较为普遍,致使他们在道路空间的争夺上冲突不断。目前,我国的道路交通现状较易诱发驾驶人的愤怒情绪,使其产生危险性驾驶行为,降低了道路安全水平。

针对我国的道路交通现状与"路怒症"形势,有必要明确诱发愤怒情绪的环境与个体特征等影响因素,量化驾驶人愤怒强度与其生理特征、驾驶行为(操作行为与车辆运动)特征之间的关系,建立基于个体与环境、生理、驾驶行为特征融合的驾驶愤怒状态识别模型，从而可提前对"路怒症"进行有效干预，防止影响交通安全的不良或危险驾驶行为的产生。研究成果可为驾驶培训部门、交通管理部门针对愤怒情绪诱导因素进行重点监控或为愤怒驾驶检测预警与干预系统的研发提供理论支撑。例如，当检测到驾驶人的愤怒情绪等级较低时，车载情感交互系统可通过释放轻松愉悦的歌曲或简单有趣的人机对话等干预措施来调节驾驶人的情绪；当检测到驾驶人的愤怒情绪等级较高时，车载的高级驾驶辅助系统可通过协助或替代驾驶人对方向盘、加速踏板、制动踏板与挡位杆的操作等干预措施来避免驾驶人操作失误或危险驾驶行为的产生。这些干预措施对于降低因"路怒症"而引发的道路交通事故发生的风险，具有重要的应用价值。

1.2　驾驶情绪研究现状

1.2.1　驾驶情绪产生机理

心理学家 Novaco 指出，当人们遭遇烦恼、挫折、不公平、侮辱或心理创伤等负性事件时容易产生愤怒情绪[17]。在交通领域，美国心理学家 Deffenbacher 等人早在 20 世纪 90 年代就通过编制驾驶愤怒量表（driving anger scale，DAS）获得不同交通场景下驾驶人的愤怒水平。该量表包含 33 个驾驶情境，可划分为六大类：粗鲁行为（discourtesy）、敌意手势（hostile gesture）、慢速驾驶（slow driving）、违规驾驶（illegal driving）、交通阻碍（traffic obstructions）和警察在场（police presence）。Deffenbacher 等人进一步对 1 500 名大学生驾驶人进行了问卷调查，调查结果表明，女性驾驶人易被交通阻碍和违规行为激怒，而男性驾驶人则易被慢速驾驶和警察在场激怒[18]。此后，澳大利亚[19]、西班牙[20]、马来西亚[21]、土耳其[22]等国的学者结合本国交通规则与文化，对 DAS 量表进行修改以适应本国国情，并采用 DAS 量表对本国的驾驶人进行调查，也都获得了与 Deffenbacher 教授相似的调查结果。此外，有研究表明，当驾驶人尾随前方慢速行驶的车辆时，其愤怒等级会随着不断增大的时间压力而上升，导致其危险超车意图更加明显[23]，危险驾驶行为也更多。Underwood 等人通过对 100 名驾驶人在连续两周内的驾驶行为记录进行分析发现，驾驶人在产生愤怒情绪的 383 个情境中有 293 次几乎发生交通事故，其中他人违法驾驶和遭遇堵车最易引发驾驶人的愤怒情绪[24]。加拿大学者经过调查发现，安大略省的驾驶人"路怒症"爆发的次数随着周行驶里程数的增加而显著增加，且在繁忙的线路上行驶的驾驶人产生愤怒情绪的次数明显较畅通线路上高[25]。研究发现，西班牙的男性驾驶人在警察在场的场景下易被诱发出愤怒情绪，而女性驾驶人则在交通拥堵的场景下更容易产生愤怒情绪，且在产生愤怒情绪后，女性驾驶人更倾向于自适应调节情绪，而男性驾驶人倾向于攻击性驾驶或危险驾驶[26]。研究进一步指出，年轻驾驶人在愤怒后更容易产生语言、肢体攻击性行为以及用车辆发泄其愤怒情绪[27]。相关研究表明，驾驶人的压力与其攻击性、危险性驾驶行为以及醉酒驾驶之间存在着很强的相关性，而愤怒情绪会进一步强化这种相关性[28]。饮酒的频率越高，驾驶人愤怒的次数也越高，但女性驾驶人愤怒的次数比男性驾驶人更高[29]。

除了外界的特殊场景会诱发驾驶人产生愤怒情绪外，驾驶人自身的个体特征如性别、年龄、驾龄、气质、人格、学历与精神状态等也会对其愤怒情绪产生影响。相关研究表明，男性驾驶人产生愤怒情绪的概率要高于女性；学历低的驾驶人产生愤怒情绪的概率往往高于学历高的驾驶人；年轻驾驶人比年长驾驶人更具攻击性[26]。Turner 等人调查发现，青年男性驾驶人（17～20 岁）的危险驾驶行为频率是中老年男性驾驶人（50 岁以上）的三倍，这一方面是因为年轻驾驶人的驾驶技能不娴熟且驾驶经验欠缺，另一方面是因为年轻驾驶人更易情绪失控，导致开斗气车，致使危险驾驶行为出现的频率大大增加[30]。Wickens 等人的归因理论模型表明，刺激性道路事件引发的愤怒情绪通过对责任的感受间接与驾驶人感知的可控性相关联[31]。愤怒情绪与随和型、神经质型人格间接相关，而危险性驾驶行为与尽责型、随和型人格直接相关[32]。Lajunen 等人对攻击性行为、驾驶愤怒与个人特征之间的关系进行了深入研究，结果表明，男性驾驶人年龄越大，其愤怒频次和攻击性行为的频次越低；而女性驾驶人年均驾驶里程越大，其攻击性行为的次数越少[33]。研究表明，胆汁质气质类型的驾驶人由于生性直率、心境变化快、易冲动、不善自我控制等原因，使得其在驾驶过程中容易产生愤怒情绪，导致开斗气车[34]等攻击性驾驶行为较为普遍。而对于温和型驾驶人，由于其感受到的生活或工作压力比激进型驾驶人低，因此，其愤怒驾驶发生的频次以及危险或攻击驾驶行为产生的频次均比其他性格的驾驶人低。宋国平等人研究发现，驾驶人疲劳后，其愤怒、焦虑等负面情绪的发生概率显著增大[35]。朱国锋等人设计了驾驶人情绪状态量表[36]，并基于此表对被试展开问卷调查后发现，曾经卷入交通事故的被试的紧张、愤怒与焦虑等负性情绪产生的频次明显较未卷入交通事故者高。

1.2.2　驾驶情绪诱导方法

目前，大多数的情绪诱导都是在实验室条件下进行的，而在实验室条件下唤起被试的真实情绪并设法维持一段时间是进行一切情绪研究的前提，因此，选取合适的诱导方法十分重要。目前，国内外有关情绪诱导的方法主要有以下几种。

1. 视觉与听觉刺激

感觉（视觉、听觉、嗅觉、味觉与触觉）通道刺激是通过对人体相应的感官进行刺激，从而诱发目标情绪。目前，在情绪诱导领域，最常用的是视觉与听觉刺激。例如，听音乐是一种基于听觉通道刺激的情绪诱导方法，看图片或幻灯片则是基于视觉通道刺激的情绪诱导方法，而观看电影片段则可对被试进行视听双通道刺激[37]。目前，国外对基于视听觉刺激的情绪诱导有较为成熟的应用系统，如国际情绪图片系统（international affective picture system，IAPS[38]）、国际情绪情感数字化声音系统（international affective digitized sounds，IADS[39]）。国内也开展了这方面的研究，如刘贤敏等人采用中国传统民乐《阳关三叠》作为听觉刺激素材对被试进行情绪诱导，并研究被试情绪与其生理指标之间的相关性[40]。薛昀赟等人通过对被试的情绪评价量表进行分析发现，《午夜凶铃》片段能较好地对被试的恐惧情绪进行诱导[41]。而詹向红等人基于被试的愤怒情绪诱导结果，验证了《罪恶与审判》这部影片可作为愤怒情绪刺激材料[42]。

2. 情绪性情境诱发

在实验室环境下模拟目标情绪所需的真实情境，通过设置和控制情境，使被试产生相应的情绪体验。例如，通过即兴演讲、特定表情和电脑游戏等情境，被试可体验到唤醒度较高的情绪[43]。另外，通过回忆现实生活中曾经发生过的情景的方式来诱发被试的相应情绪。例如，Abdu等人让被试在安静的实验室环境中回忆在现实生活中曾经遇到过的令人愤怒以至于想爆发的事件，同时写下那些经历，如想象事件是怎么发生的，自己当时是怎么想的，以及当时的感受怎么样，等等，可使当时的愤怒场景在其脑海中尽可能生动地再现，从而诱发被试的愤怒情绪[44]。还有，通过任务评价也可诱发目标情绪，即让被试完成某项任务，而在任务完成过程中对其进行干扰或任务完成后给其差评。例如，为了使被试产生轻松、愉悦的正性情绪或焦虑、敌意等负性情绪，可通过在实验过程中特意提前或者推迟实验进程来改变原实验计划[45]。此外，在任务完成评价过程中，也可对被试的任务完成情况给予错误或不公正的评价，以此来对被试的某类负性情绪进行诱导[46]。

3. 模拟场景诱导

近年来，随着虚拟现实技术的快速发展，在驾驶模拟器平台下进行模拟实验已成为交通安全研究领域的一种常用手段。Lisetti 等人通过在驾驶模拟器里虚拟交通场景中一系列的触发事件来诱导被试的恐慌、愤怒、挫折与疲劳等情绪。例如，为了诱导被试的愤怒情绪，触发事件依次设为若干行人抬着玻璃缓慢通过人行横道、前方大卡车三点掉头、后方小车持续不断地鸣笛、等待成群结队的行人横穿马路后持续到再次等待红灯等[47]。Katsis 等人通过在赛车驾驶模拟器里设置相应的场景或突发事件来诱导赛车驾驶人产生低压力、高压力、失望/受挫和兴奋等情绪，并研究了这些情绪下的生理特征[48]。Cai 等人采用多人联网驾驶模拟器平台对被试进行目标情绪诱导。如让假被试驾驶车辆紧跟被试车辆后面，并频繁对被试进行大灯闪烁、持续鸣笛以及阻止被试超车、在被试车辆面前进行加塞抢道等各种干扰行为，同时在一定的任务完成时间压力下，被试的愤怒情绪很容易被诱发出来。此外，被试与假被试通过联网的多人驾驶模拟平台进行赛车游戏，而在游戏过程中，假被试蓄意展现高水平的竞技状态，从而诱发被试产生较高强度的兴奋情绪[49]。

1.2.3 驾驶情绪与驾驶行为

由于情绪能影响到驾驶人的感知、判断、决策与执行等过程，因此驾驶行为或驾驶绩效与情绪紧密相关。Redshaw Sarah 通过研究发现，不良情绪是造成年轻驾驶人冒险驾驶和鲁莽驾驶的主要原因[50]，其中，愤怒、悲伤与焦虑等负性情绪会降低驾驶人的感受性与理智性，使得其观察和思考变得迟钝，较易引起危险驾驶行为，导致交通事故发生[51]。例如，Elisabeth 等人通过对 1 382 名美国驾驶人进行电话调查，调查结果显示，危险驾驶行为或交通事故发生次数与"路怒"次数呈显著正相关关系[52]。而正性情绪，在某种程度上可对驾驶绩效起到积极作用[53]，但过度的正性情绪如骄傲、自负、兴奋也容易使驾驶人过于高估自己的能力，从而诱发不良驾驶行为发生[54]。例如，令人兴奋的音乐易使驾驶人分神，导致其对车辆横向控制能力下降，而令人忧郁的音乐会使驾驶人车速控制能力降低，但提高了其车道保持能力[55]。焦虑情绪可导致驾驶人出现失误、错误或攻击性驾驶行为，且这些危险驾驶行为发生的频次正相关于焦虑程度[56]。Cai 等人基于多人驾驶模拟器平台的车-车交互诱导被试产生愤怒、中性和兴奋等情绪，并采集了被试的驾驶行为与眼球移动数据；研究结果表明，相对于中性情绪，驾驶人在愤怒与兴奋情绪下的车道偏离标准差、方向盘转角标准差较大，但换道时间较小，驾驶人在愤怒或兴奋后观察后视镜的次数降低，忽视交通标志次数增加，违规次数增加[49]。钟铭恩等人的愤怒驾驶模拟实验结果表明，被试在愤怒情绪下驾驶车辆的平均速度与鸣笛频次明显增加，而斑马线的减速让行行为明显减少[57]。

Deffenbacher 等人编制了驾驶愤怒表达量表（DAX）来研究汽车驾驶人的驾驶愤怒绩效表现。该量表包含四种愤怒表达方式，即言语攻击表达、肢体攻击表达、使用车辆发泄和自适应调节[58]。基于此量表，西班牙学者发现，本国年老驾驶人的驾驶愤怒表达得分低于年轻驾驶人[27]。美国[59]学者发现，本国主城区具有较短驾龄的女性驾驶人在产生愤怒情绪后更可能超速驾驶。基于攻击驾驶行为与六种人格特质（大五人格以及愤怒特质）之间的相关性研究表明，低宜人性特质或高愤怒特质的驾驶人在遇到刺激事件时更倾向于攻击性驾驶[60]。也有研究表明，驾驶人的公共自我意识越低，其愤怒情绪下的攻击性驾驶行为就越多[61]。另外，研究还表明，高愤怒特质驾驶人即使在愤怒情绪唤醒度低的交通环境下也易被激怒并表现出危险性驾驶行为，而当这类驾驶人被迫减速时，其愤怒程度更高，其加速踏板和方向盘的使用频次显著增加[62]。

1.2.4 驾驶情绪检测方法

情绪的检测识别是运用信号处理的方法对不同情绪状态下的心理、生理或体征行为指标进行特征提取、选择与分类识别，以判断被试所处的情绪状态。目前，国内外情绪识别主要通过四种方式——面部表情、语音、姿态（行为）和生理信号进行。

1. 基于面部表情的情绪识别

东京大学的 Kobayashi 等人率先选取嘴巴、眉毛与眼睛这三个区域的 60 个特征点坐标来提取表情信号，并基于神经网络模型对愤怒、悲伤、高兴、恐惧、惊奇与厌恶等六个基本表情进行了机器识别，识别率达70%[63]。麻省理工学院的 Pentland 等人基于图像序列进行视觉感知，通过优化估计光流方法来提取面部结构特征并建立物理肌肉模型，该模型可生成一系列肌肉运动群的参数特征与面部空间模板，该模板具有随时间变化的特征，可被合成为高兴、厌恶、惊奇、愤怒和抬眉毛等几种表情[64]。剑桥大学的 Kaliouby 等人[65]截取了自动识别用户系统里的用户实时精神状态视频流，通过对截取的视频流里的头肩序列进行运动单元分析，利用隐马尔科夫分类器来分析面部表情，对用户的基本表情和混合表情进行识别的识别率较高。

随着基于面部表情特征的情绪识别技术越来越成熟，在交通安全领域，通过面部表情来识别驾驶人精神状态或情绪等相关主题也逐渐成为研究热点。美国亚利那州立大学的 Paschero 等人[66]运用网络摄像头采集驾驶人在高兴、悲伤、厌恶、恐惧、愤怒、惊奇等六种基本情绪下的面部表情信息，通过瞳孔定位技术获得嘴巴和人眼的位置，在进行相应的特征提取后建立基于经典神经网络和模糊神经网络的驾驶情绪识别模型。日本东京理工大学的 Moriyama 等人[67]，采集了驾驶人在愤怒、平静和高兴情绪下的面部表情信息，采用标记被试面部表情信息的长时变化的方法选取面部表情信息，并运用分离的面部信息空间法提取驾驶人在不同情绪下的额头、面颊、鼻子、眼睛、眉毛、嘴巴等位置的特征来进行驾驶情绪分类。奥地利克拉根福大学的 Kolli 等人[68]，运用红外摄像仪采集驾驶人的面部信息来进行人脸检测，基于改善的豪斯多夫距离进行驾驶情绪识别。张劲基于 Fisher 准则提取了驾驶人的面部表情特征，建立了基于二维主元分析与模糊积分的分类方法，可有效识别驾驶人的高兴、紧张等面部表情[69]。

2. 基于语音的情绪识别

言语表情是人类情绪的一种外部表现形式，目前，在人工智能领域，这方面的研究较为成熟。印度理工学院的 Koolagudi 等人[70]分两阶段对多种语音情绪进行了识别：在第一阶段根据语速将语音信号分为缓慢、正常与急速三种状态；而在第二阶段，根据语音信号的共振峰、Mel 倒谱系数与韵律等声学特征，运用高斯混合模型进一步区分情绪状态。研究结果表明，采用两阶段模型具有较好的情绪识别效果。波兰弗罗茨瓦夫大学的 Juszkiewiczt 等人[71]，对具有语音识别功能的机器人进行改进，使机器人具有语音情绪识别功能；在改进过程中，研究人员提取了韵律、音质等六个语音特征，采用基于相关性的特征选择算法降低特征向量维数，最后在贝叶斯网络、支持向量机和径向基神经网络三种分类器中选定识别效果最优的分类器。

随着基于语音特征的情绪识别技术越来越成熟，在交通安全领域，利用语音特征来识别驾驶人的精神状态或情绪等相关主题也逐渐成为研究热点。美国加州大学的 Tawari 等人[72]，将语音情绪识别技术应用于驾驶辅助系统，针对驾驶人的多种情绪尤其是消极情绪进行识别，以便对驾驶人的消极情绪进行及时有效的干预，以防危险驾驶行为甚至交通事故的发生。该研究选择音质特征和韵律特征等声音特征，使用支持向量机模型来识别这些情绪。Kamaruddin 等人基于模拟实验中的人机对话语音信息，提取了不同驾驶人各种行为状态下的语音特征，对驾驶人的谈话、大笑、平静和睡眠驾驶行为状态进行了准确识别[73]，以便采取相应的预警措施对这些驾驶行为状态进行有效干预，降低驾驶风险。由于车载语音交互可较少地分散驾驶人的注意力，因此，它在车内控制领域的应用越来越多，如拨打电话、收发邮件等。而情绪又会影响驾驶行为、绩效等，因此，Jones 等人在研究中通过驾驶人与车辆的语音交互来检测驾驶人的情绪，从而对其情绪做出积极响应以提高驾驶绩效[74]。在随后的研究中，Jones 等人进一步分析了车载语音情绪识别系统的识别效果，且在此基础上对老年驾驶人的厌倦、悲伤、受挫、愤怒与高兴等情绪下的语音特征进行了提取与分类[75]。Grimm 等人通过提取不同情绪的三维空间特征对驾驶人在车载环境下的语音情绪进行了有效分类[76]。

3. 基于生理特征的情绪识别

生理信号是伴随着情绪变化由人体内部器官产生的一种生物电、生物阻抗或身体外形变化的信号，是对当前情绪状态的一种客观真实的反映，因此，基于生理信号的情绪识别研究越来越多[43]。

美国的 Picard 等人[77]在连续几周内对被试进行平和、兴奋、高兴、敬畏、平静、愤怒、厌恶与悲伤等八种情绪的诱发实验，采集并获得被试在这八种情绪下的脸部肌电、手指脉搏、皮肤电导（skin conductance，SC）与呼吸率（respiration rate，RR）等四种生理信号的时域、频域特征，并分别运用序列前向浮动搜索法、Fisher 投影法进行特征选择，再运用 K 近邻分类器进行情绪分类；研究结果表明，基于序列前向浮动搜索的特征选择算法的识别准确率最高，对愤怒、悲伤与高兴这三种情绪的分类准确率可达 88.3%，对全部八种情绪分类的准确率可达 40.6%。法国的 Lisetti 等人[78]选取了特定视频片段作为诱导情绪的刺激材料，采集了 29 个本科生在恐惧、沮丧、开心、悲伤、愤怒、惊讶等六种情绪下的心率（heart rate，HR）、SC 与皮肤温度（skin temperature，ST）信号，在提取这些生理信号的时域、频域特征后，分别运用 K 近邻、线性判别和 BP 神经网络三种分类器对这六种情绪进行识别；研究结果表明，BP 神经网络分类器对这六种情绪的识别率最高，分别为 85.6%, 77.3%, 87.0%, 88.9%, 91.7% 与 73.9%。德国的 Wagner 等人[79]基于音乐诱发情绪法，采集了一被试连续 25 天在开心、愤怒、愉悦、悲伤四种情绪下的肌电（electromyography，EMG）、SC、心电（eloetrocardiogram，ECG）与呼吸信号，在提取这些生理信号的时域、频域特征后，分别采用方差分析法、Fisher 投影法、序列前向选择（SFS）法与 Fisher 投影混合法进行特征选择，再分别运用线性判别、K 近邻、多层感知神经网络分类器对这四种情绪进行分类；研究结果表明，基于 SFS 的特征选择算法与线性分类器组合模型的识别率最高，达 92.05%。瑞士的 Chanel 等人[80]通过知名国际情绪图片系统诱发情绪，提取了四名被试在高唤醒度与低唤醒度情绪下的脑电（electroencephalogram，EEG）、血压（blood pressure，BP）、SC，RR，HR 和 ST 等生理特征，分别通过线性判别法与朴素贝叶斯分类器对这两类情绪进行识别，识别准确率均达到 55%。国内江苏大学的李岚等人[81]率先研究了基于视频刺激的情绪诱导方法；他招募了 89 名本科生对选择的视频片段进行评价，评价结果表明，愉悦、恐惧与平静这三种情绪的诱导效果最好，而厌恶、愤怒与尴尬情绪的诱导效果不理想；随后，他们采集了被试在愉悦、恐惧与平静情绪下的 HR，ECG，SC 与 ST 等生理信号，在提取了相关特征后，采用典型相关分析方法对这三种情绪进行识别，识别准确率分别为 94%, 76%, 84%。西南大学的刘光远等人[82]利用视频素材诱导被试产生六种基本情绪，即高兴、惊奇、厌恶、恐惧、悲伤与愤怒，采集了被试的 SC，HR，ECG，EMG，EEG 与脉搏（pulse，Pul）等生理信号，并运用遗传算法、蚁群算法与粒子群算法进行特征提取，采用 Fisher 判别分类器对这六种基本情绪进行识别，平均识别率达到 60%。Flidlund 等[83]提取了被试的面部 EMG 特征，运用线性判别模型对其高兴、愤怒、悲伤与恐惧四种基本情绪进行了首次识别，模型准确率为 38% ~ 51%。而脑电信号（EEG）作为大脑神经元细胞活动的电位综合，可直接反映大脑皮层的神经元活动规律和中枢神经系统作用机制，在情绪识别领域已被广泛运用。Schaaff 等人提取了 EEG 信号中的 α 波的功率谱与其峰值频率等特征，运用支持向量机（support vector machine，SVM）模型对被试的高兴、中性、不高兴这三种情绪进行了识别，识别率达

66.7%[84]。Choi 等[85]采用被试观看恐怖电影前后的 EEG 信号中的 δ 波与 β 波的功率比值的变化来预测其情绪。

不良情绪会影响驾驶人注意力的分配、感知、判断和决策能力，使其产生不良驾驶行为，导致交通违规甚至交通事故的频频发生。因此，为了降低情绪（尤其是负面情绪）对道路交通安全的影响，有必要对驾驶过程中产生的情绪进行识别、干预。目前，国内外在驾驶情绪识别方面已经开展了积极研究。Healey 等人[86]为了获取驾驶人在城市道路或高速公路上等不同压力场景下的驾驶行为，采用了一种可获取驾驶人的 ECG，EMG，RR 以及 SC 等生理信号的自动神经系统检测设备，同时通过驾驶人的自我汇报，基于序列前向浮动选择法和线性判别函数的多特征分析方法有效区分了四种不同压力水平。Wang 等人[87]通过语音与驾驶课程引导被试产生各种情绪，基于 RR，SC，ST 与血流量脉冲（blood volume pulse，BVP）等生理特征建立了一维辅助模型和因子分解模型，对驾驶人的多种情绪如愤怒、疲劳、高兴与悲伤等进行了有效识别。Katsis 等[88]基于一种可穿戴生理设备采集了模拟赛车环境下驾驶人的 RR，ECG，皮电活动（electrodermal activity，EDA）以及面部 EMG 等生理信号，分别用自适应模糊神经模型和 SVM 模型对驾驶人的高压力、低压力、快乐、失望等情绪状态进行了识别，准确率分别为 76.7%, 79.3%。在随后的研究中，Katsis 等[89]继续采用这些生理指标，并基于决策树与朴素贝叶斯方法对模拟赛车驾驶人的高压力、低压力、快乐与烦躁等情绪进行了识别，准确率达 71.9%。Lisetti 等人[90]基于虚拟现实技术设计了多种模拟场景以对被试进行情绪诱导，提取了被试在受挫、恐惧、气愤等情绪下的 SC，HR 与 ST 等生理特征。Wang 等[91]提取 EEG 信号中的 α 波香农熵特征，采用脉冲神经网络方法对驾驶过程中的疲劳危险事件进行了实时识别。Rebolledo-Mendez 等[92]设计了一种身体传感器网络来采集并提取 EEG 信号中的 θ，δ，α 和 β 波的功率谱特征与 EDA 特征，并采用 Logit 回归模型识别了驾驶人的疲劳与压力等状态。钟铭恩等人[93]基于模拟驾驶实验数据发现，被试左右额区的 β 脑电波在兴奋情绪下的功率值均比中性情绪下大，且近似相等，而仅左额区的 β 脑电波在悲伤情绪下的功率值比中性情绪下大。Leng 等[94]人通过视频诱导被试产生特定情绪，采用 BVP，SC，ST，RR 和方向盘握力等生理指标，对模拟实验时驾驶人的恐惧与快乐情绪进行了有效区分。

4. 基于驾驶行为的驾驶情绪检测

Ting 等人[95]通过开展模拟驾驶实验发现高速公路驾驶人的刹车反应时间随着疲劳等级的上升而上升。Cai 等人[49]首先运用多人驾驶模拟器网络中的车-车交互诱导被试产生愤怒或兴奋情绪，并采集了相应情绪下的驾驶行为信号；研究结果表明，愤怒与兴奋情绪下的车道偏离标准差、方向盘转角标准差较中性情绪下大，但换道时间较短，愤怒或兴奋后观察后视镜的次数较中性情绪下大，忽视交通标志次数与违规次数较中性情绪多。随后，Cai 等人[96]进一步运用多人驾驶模拟器网络开展了不同情绪效价与唤醒度下驾驶绩效的模拟实验，并建立了车道偏离量、刹车反应时间与交通违规次数等驾驶绩效水平与不同情绪效价与唤醒度之间的关联模型。钟铭恩[57]等人通过特定的视频材料刺激被试产生愤怒情绪，基于驾驶模拟器研究被试在愤怒情绪下的驾驶速度、刹车、鸣笛、超速和斑马线减速等驾驶行为特征；研究结果表明，愤怒情绪会使平均车速、鸣笛的频次增加，会使斑马线减速让行的行为减少。Sathyanarayana 等人[97]通过车载 CAN 总线技术采集制动踏板、车辆速度、加速度与方向盘转角等信号，通过加速度计与陀螺仪采集驾驶人头部或腿部的异常移动行为信号，并基于这两种信号特征对驾驶人的分神状态进行识别。林启万[98]提取了方向盘、油门、制动、挡位、鸣笛与车灯切换等六种驾驶操作行为特征，运用层次分析法分别确定这六种驾驶操作行为特征在平和驾驶、紧张驾驶、攻击性驾驶情况下的权重，最后融合这六种驾驶操作行为特征，建立了基于 BP 神经网络的驾驶情绪识别模型。Kessous[99]在语音交互试验中，通过提取面部表情、身体姿势与声学三方面的指标特征对被试的高兴、恐惧、惊讶、悲伤等八种情绪进行了有效识别。

5. 基于信息融合的检测方法

Lanatà 等人[100]在模拟实验中，通过设置如下场景对被试施加三种压力水平的刺激：① 稳定的驾驶，无任何外界刺激；② 主试车辆突然侧滑，犹如受到强劲的风吹，需要被试平衡车辆；③ 在第②步机械刺激基础上，对被试进行数学测试。在实验过程中除了采集被试的心率变异率、呼吸幅度与皮肤电等生理信号外，还采集了被试的方向盘转角、车辆速度变化与反应时间等驾驶行为与车辆运动特征，并运用最近均值分类器（nearest mean classifier）对三种压力水平进行了有效分类，分类的正确率均超过 90%。Rigas 等人[101]通过提取实际交通环境下的驾驶人的皮肤电、心电与呼吸率等生理特征并通过 GPS 和车载 CAN 线数据提取过去一段时间内的车辆速度、加速度与横摆角等车辆运动特征，运用贝叶斯网络模型对行驶过程中的压力事件如超车或急刹车等进行了有效检测，检测准确率达 96%。Malta 等人[102]通过选择特定实验线路与时间，采用实际交通环境中的等红灯、行人横穿与拥堵等道路事件以及与车载自动语音识别系统进行交互来诱发被试产生受挫情绪，在提取驾驶人皮肤电特征的基础上，结合加速踏板、制动踏板驱动特征，采用贝叶斯网络模型对驾驶人的受挫情绪等级进行了二分类；研究结果表明，该模型的真阳率可达 80%，假阳率仅 9%。Haak 等人[103]通过在模拟驾驶实验任务中加入广告牌场景来诱导被试产生压力，并采集了被试的脑电信号与眨眼频率信号；研究结果表明，被试在追踪广告牌的过程中，其脑电信号 EEG 中出现了 P300 成分，且其眨眼频率显著增大，这表明被试的压力水平较没有广告牌刺激下高。Riener 等人[104]通过自然驾驶实验采集连续两周内的 GPS 数据与心率变异率数据对被试的情绪状态进行了检测。Fan 等人[105]基于视频诱导方法让被试产生高兴与愤怒情绪，并通过开展模拟驾驶实验，采集了被试在这两种情绪下的 EEG 信号，提取了四种脑电波的相对功率谱特征，在考虑驾驶人的个性特征与交通环境特征的基础上运用贝叶斯网络建立了驾驶人情绪检测模型。Ashish 等人根据被试的性别以及所处的交通环境信息对模拟实验数据的噪音信号进行了消除，融合了驾驶环境和被试的生理数据对被试的基本情绪进行了区分[106]。Li 等人[107,108]为了研究驾驶人在打电话、与乘客交谈、操作导航系统或转换收音机电台等二次任务下的分神水平，采用 CAN 总线技术采集被试在不同分神水平下操作制动踏板与加速踏板力度以及车辆速度、加速度与方向盘转角等信号，并采用前向摄像头采集被试的面部表情与头部转动方位；在提取了这两种信号特征后，运用二元分类器对被试的分神水平进行了有效分类。孔璐璐[109]提取了驾驶人的面部表情和脉搏信息特征，建立了基于 Fisher 线性判别的驾驶人愤怒情绪识别模型。

1.3　国内外研究存在的问题

驾驶情绪研究近年来一直是国际上研究的热点，目前已取得了许多研究成果。Deffenbacher 等人[18]在 1994 年率先利用 DAS 量表对驾驶过程中愤怒情绪的影响因素开展了调查研究，从此拉开了驾驶情绪研究的序幕。随后，世界各国学者基于 DAS 量表和 DAX 量表来研究愤怒驾驶行为。例如，针对研究者本国的交通特性研制了驾驶愤怒量表，采用该量表可对驾驶过程中易引起愤怒情绪的交通场景或驾驶行为或影响愤怒情绪的人口统计学特征进行了定性研究，为制订驾驶愤怒干预措施提供了理论支撑；制订驾驶愤怒量表，可以探索驾驶人在驾驶过程中产生愤怒情绪时的表达方式，如言语攻击、肢体攻击、使用车辆发泄以及自适应调节；基于驾驶愤怒和驾驶行为问卷量表，研究了愤怒情绪下的驾驶操作行为特性与交通安全特性。但这些有关驾驶情绪的宏观研究大多基于问卷量表，而基于自我报告的问卷量表，往往由于被试带有一定的自我要求和社会期望，而带有较强的主观性，不能客观真实地反映被试的驾驶情绪和驾驶行为特性。随后，为了进一步探索不同情绪下的微观行为特征以及不良驾驶情绪的检测预警，围绕情绪诱导和情绪识别的相关研究逐渐在国际上开展起来。而目前基于视听觉刺激、情绪性情景诱发等静态环境下的情绪诱导技术较为成熟，但由于个体之间的性格、兴趣爱好等差异，基于视频刺激的情绪诱导方法具有一定的局限性。另外，模拟环境下诱发的驾驶情绪与真实交通环境中产生的驾驶情绪在逼真度上还是有所区别，而且情绪诱发的强度不足以维持后续的模拟实验，因此，需要在动态驾驶条件下对愤怒情绪进行诱导。

在驾驶情绪识别方面，现有的研究大多通过开展驾驶模拟实验，单一提取不同驾驶情绪（兴奋、悲伤、恐惧、愤怒和压力等）下的面部表情特征、生理（脑电）特征和驾驶行为特征或车辆运动特征，并基于这些特征对相关驾驶情绪进行检测和识别。但在实际检测过程中，这些特征采集与表达都存在一定的局限性。

（1）模拟环境下的驾驶过程虽然能够模拟驾驶人看到的交通情景，并能提供类似于真实的驾驶感觉，但即使是最先进的驾驶模拟器，驾驶人的驾驶态度、驾驶心理和驾驶压力（紧张感）都与实际交通环境有一定的差别。因此，驾驶人在模拟器上产生愤怒情绪的时间节点、强度和原因可能有所不同，需结合实车实验进行。

（2）驾驶人的生理指标虽然能够准确反映驾驶情绪状态，但目前研究中采用的绝大多数生理传感器都有较强的侵入性，需要在人体皮肤表面贴入电极，这可能会引起驾驶人的不适感，进而影响其自然驾驶行为，不利于行车安全。

（3）基于机器视觉技术的面部表情和眼部运动特征的提取效果受光照、驾驶人肤色和着装等环境因素影响较大，且监视驾驶人面部表情需要对其眼睑、瞳孔、嘴巴等监视部位进行准确定位与计算，而这些会受提取算法效率的影响，准确率与可靠性都不高，而且会让驾驶人感觉其隐私受到威胁。

（4）基于语音（音调、响度）的特征提取效果受环境因素影响较大，特别是实际交通环境中的车内发动机、娱乐或导航系统等设备的工作噪音以及车外的交通情景噪音如周边车辆的鸣笛或广告音响等。另外，驾驶人在车内需要发声的机会不是很多，因此，采集的语音样本量可能不足。

（5）目前，虽然有基于模拟环境的压力、挫折等情绪识别研究，但是鲜有针对实际交通环境中的驾驶愤怒情绪的相关研究，尤其缺乏针对驾驶愤怒情绪下的生理、脑电与驾驶操作行为、车辆运动特征进行的深入研究。而"路怒症"在中国逐渐成为严重影响交通安全的社会问题，因此有必要对"路怒症"进行识别、检测、预警与干预。另外，目前的研究鲜有对驾驶情绪的强度进行深入挖掘，大多停留在"是"和"否"这两种状态的检测上。而随着高级驾驶辅助系统（advanced driver assistant systems，ADAS）的发展，有必要对不同强度的愤怒情绪进行识别，以便选用不同的干预措施。例如，当 ADAS 系统检测到驾驶人处于低等愤怒状态时，可通过人机交互接口释放舒缓的音乐或与驾驶人进行良性互动对话以平复其愤怒情绪；当系统检测到驾驶人处于中、高等愤怒状态时，ADAS 的人机共驾系统可协助甚至接管驾驶人对方向盘、制动踏板或加速踏板的控制，以防驾驶人产生危险驾驶行为。

（6）受驾驶人个体特征（驾驶风格或习惯）、道路环境等因素的影响，驾驶行为（车辆运动状态）和生理特征与驾驶情绪之间的相关性不易确定。例如，对于同样的驾驶环境或刺激场景，不同的驾驶人可能有不同程度的情绪反应，甚至有不同的情绪类型，即驾驶人个体之间存在差异性。而且对于同一个驾驶人，其情绪反应会随着环境或场景的改变发生变化。因此，评价驾驶情绪的指标阈值也难以确定。

提高识别与检测驾驶情绪（愤怒）准确率的关键在于提取愤怒状态下驾驶人的生理、心理与行为所表现出来的特征，因此，通过愤怒驾驶试验建立各指标特征与驾驶愤怒情绪之间的相关性模型是十分必要的。然而，受制于国内心理学实验方法，国内对驾驶情绪的研究尚不多见，且大多采用问卷量表的方法，深入到实验层面的研究较为少见。纵观国内已开展的驾驶情绪（愤怒）检测方法研究发现，少数研究通过模拟试验建立了驾驶人脉搏、呼吸、体温、血流量脉冲、心率、皮肤电导率与脑电等生理特征以及脸部、眼部与嘴部等面部表情特征与驾驶情绪之间的相关性模型，而鲜有开展试验探索驾驶人的驾驶行为（操作行为和车辆运动状态）与驾驶情绪尤其是驾驶愤怒情绪之间的相关性研究。另外，国外基于某些生理特征和驾驶行为特征的情绪识别算法也不宜直接应用于中国驾驶人的情绪识别上，因为中国驾驶人的身体条件、心生理特性、驾驶习惯、驾驶风格、交通素质、安全意识以及交通规则、环境等方面与国外存在明显差异。所以，研究我国驾驶人在愤怒驾驶状态下的指标特征将具有十分重要的意义。因此，本书采用驾驶模拟实验和实车实验手段探索我国驾驶人在愤怒情绪下内在的生理特征和外在的驾驶行为特征以及基于信息融合的驾驶愤怒识别方法。

1.4 主要研究内容

本书基于心理学、生理学以及人因功效学理论，设计了驾驶愤怒情绪诱导方案以及愤怒情绪下的驾驶模拟实验，分析了不同愤怒强度下的生理特征与驾驶行为特征及其诱导因素差异。基于驾驶愤怒模拟实验的结果，设计了驾驶愤怒实车实验。在实车实验过程中，记录较易引起驾驶人愤怒的交通场景和交通事件，同时，在被试自然驾驶过程中，被试需报告其在那些交通场景、事件刺激下的愤怒情绪等级。提取不同愤怒强度下的驾驶人的个体与环境特征、生理特征与驾驶操作行为与车辆运动特征，并在此基础上构建基于信息融合的动态驾驶愤怒识别模型。

1. 愤怒驾驶实验设计

目前，愤怒驾驶相关研究主要采用调查问卷的方法，可供参考的愤怒驾驶模拟实验或实车实验很少，因此，需借鉴心理学领域关于情绪诱导的一些实验方法。例如，在模拟实验场景中尽可能逼真地再现愤怒情绪诱导场景，同时，需严格控制愤怒情绪诱导过程中的干扰因素如与实验人员交谈等。通过一些主观指标如被试的自我报告以及客观指标如生理或面部表情指标，对基于模拟实验的情绪诱导的有效性和合理性进行分析验证，为研究驾驶愤怒情绪下的驾驶行为特征打下基础。对于实车实验，需尽量选择一条含有各种愤怒刺激事件或场景的实验路线，以及准确记录由被试的自我报告与由观察者评价组成的愤怒情绪等级。

2. 驾驶愤怒强度选择（预测）模型以及诱导因素敏感度分析

在实验过程中，被试会遇到各种比较复杂的驾驶环境（交通场景与交通事件），有些场景或事件会诱导被试产生愤怒情绪；即使是同一刺激场景，不同的被试被诱发的愤怒强度也有所差异。另外，对于同一被试，不同的场景诱发的愤怒强度也不一样。还有，被试的年龄、驾龄、气质、人格和驾驶风格等个体特征也会影响驾驶情绪。因此，基于这些诱导因素建立驾驶人愤怒强度预测模型，以及确定对驾驶人的愤怒情绪有决定性作用的诱导因素将具有重要意义；未来针对这些因素，可在实际驾驶培训和交通管控中进行重点监控。

3. 驾驶愤怒状态下的生理特征及其强度标定

驾驶愤怒状态下的生理指标包括基于自主神经系统的生理指标和基于中央神经系统的生理指标。其中，前者主要有皮温、血容量脉冲、心电、呼吸以及心率等指标；后者主要有脑电指标。采用多种时域或频域特征生成方法，提取不同愤怒等级下的生理特征；运用接受者操作特征曲线（ROC）分析方法确定不同愤怒强度的最佳判别阈值，以完成对不同愤怒强度的精确标定。

4. 驾驶愤怒状态下的驾驶行为特征

驾驶行为包括驾驶人的操作行为和车辆运行状态。同样采用时域或频域的特征生成方法，并采用方差分析方法提取愤怒情绪下的驾驶行为特征，包括方向盘、加速踏板等操作行为特征以及车道偏离、加速度与横摆角速度等车辆运动状态特征。

5. 基于信息融合的驾驶愤怒状态识别

目前的驾驶情绪识别大多是基于单一类型的指标特征，易受采集设备、驾驶习惯（风格）及周围环境的影响，因此，依靠单一指标的检测通常呈现出不稳定性。另外，驾驶情绪还受驾驶人个体特征（驾龄、性格等）、道路环境等因素的影响。因此，本书将综合考虑驾驶人个体特征以及当前时刻诱发情绪的交通场景、刺激事件以及驾驶环境因素，并从当前情绪状态下的生理、驾驶行为等可观测指标中选择最优特征指标，建立基于信息融合的驾驶愤怒状态识别模型，以提高驾驶愤怒状态检测的准确性。

根据研究内容，本书分为 7 章，各章节安排如下：

第 1 章，绪论。首先介绍本书的研究背景与意义，综述国内外相关研究现状，总结目前研究中的不足。

第 2 章，愤怒驾驶实验方案设计及其开展。简要介绍愤怒驾驶模拟实验和实车实验平台；围绕研究内容，对开展实验的原理、目的、过程和要求与具体实施方案进行了详细介绍，同时对这两类实验中所用到的实验设备和数据采集的指标类型进行了明确。

第 3 章，驾驶愤怒强度选择（预测）模型以及诱导因素敏感度分析。首先，综合被试的自我报告、观察者的评估报告以及被试的生理指标初步标定愤怒情绪等级。其次，确定驾驶愤怒情绪诱导因素如驾驶环境（刺激事件）、年龄、气质与性别等，建立基于非集计理论的驾驶人愤怒强度预测模型，以及基于敏感度分析方法确定对驾驶人愤怒情绪有决定性作用的诱导因素。

第 4 章，驾驶愤怒生理特征提取及其强度标定。采用基于时域和频域的特征生成方法对被试的血流量脉冲、皮肤电导率、呼吸率、心电以及脑电信号进行特征提取。采用 ROC 曲线分析方法确定不同愤怒强度的最佳判别阈值，以完成对不同愤怒强度的精确标定。

第 5 章，驾驶愤怒行为特征提取。即对方向盘、加速踏板和制动踏板等操作行为以及速度、加速度、车道偏离等车辆运动状态特征进行提取。

第 6 章，基于信息融合的驾驶愤怒状态识别。综合考虑驾驶人个体与环境特征，并结合当前情绪状态下的生理特征、驾驶行为特征等可观测特征，建立基于信息融合的驾驶愤怒状态识别模型。

第 7 章，总结与展望，总结本书的研究结果、结论与主要创新点，阐述本书的不足与今后的研究方向。

本书具体技术路线如图 1-1 所示。

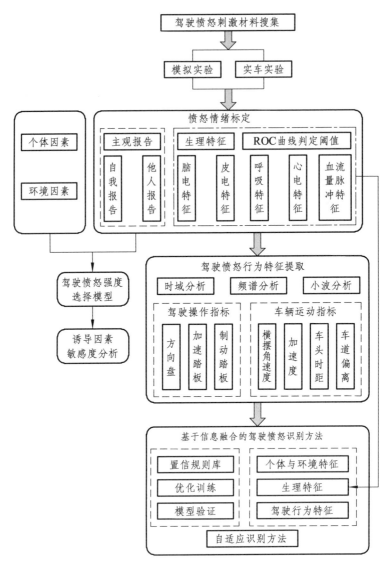

图 1-1　总体技术路线图

愤怒驾驶实验设计及数据采集

　　本书的驾驶愤怒状态识别研究是在基于驾驶人的个体与环境、生理和驾驶行为特征基础上进行的，因此，有效获取驾驶人在正常与愤怒状态下的个体与环境、生理和驾驶行为数据是本研究开展的前提条件。另外，本书基于武汉理工大学智能交通系统研究中心研发的模拟驾驶与实车驾驶实验平台，进行愤怒驾驶数据采集实验；基于被试自我报告验证基于模拟和实车实验的愤怒情绪诱导方法的有效性。最后采用箱线图、三次样条插值等方法消除数据噪音。

2.1　实验目的

　　为了准确理解驾驶人的愤怒情绪产生机理，获得实际交通环境中的愤怒情绪诱导场景，如交通拥堵、长时间等待红灯、行人或非机动车横穿马路、周边车辆加塞抢道、强行超车等违法驾驶行为，同时获得驾驶人在愤怒情绪下的生理特征与驾驶行为特征，建立基于信息融合的驾驶愤怒识别模型，本章开展了模拟实验和实车实验。

2.2　愤怒驾驶实验设计

2.2.1　愤怒驾驶实验平台

本课题组拥有模拟驾驶平台与实车驾驶平台以及相关的数据采集设备，如生理反馈仪、脑电仪与惯性导航系统等。

1. 模拟驾驶实验平台

当仅需单个驾驶模拟器时，可采用武汉理工大学智能交通系统研究中心自主研发的五通道汽车驾驶模拟器（见图 2-1），该模拟器具备 180° 视角和实时反馈效果。另外，在需要多车交互驾驶时，也可采用本研究中心自主研发的多台单通道汽车驾驶模拟器（见图 2-2）进行试验。基于这两种驾驶模拟平台可开展道路交通安全研究，如道路交通安全评价、驾驶行为分析。此外，课题组前期的驾驶疲劳相关研究的校验结果表明，这两类模拟器都具备较高的信效度[110]，因此，可直接利用此模拟驾驶平台开展驾驶愤怒研究。

图 2-1　多通道汽车驾驶模拟器

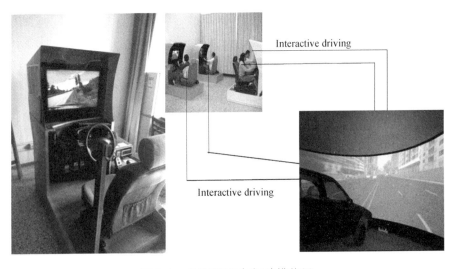

图 2-2　单通道汽车驾驶模拟器

2. 实车实验平台

实车实验平台的主体是一台由武汉理工大学智能交通系统研究中心改装的长安悦翔牌自动挡汽车（见图 2-3）。改装后，该车具备车辆控制器局域网络（CAN），并搭载了多种驾驶行为传感器，如转向盘角度、加速踏板与制动踏板开度、速度、加速度等传感器。另外，采用车道偏离预警装置 Mobileye C2-270 系统（见图 2-4）采集车头时距以及车辆在车道中的位置，即车道偏离量；采用惯性导航系统 RT2500（见图 2-5）采集车辆的轨迹、三轴加速度以及三轴角速度等车辆运动状态信号。为了后期对愤怒情绪的标定以及对愤怒情绪诱导因素的分析，在实验车的前挡风玻璃上装备三个高清摄像机，分别记录刺激事件（道路环境）、被试的面部及语音表情，以及被试的一些驾驶操作行为概况（如拍打方向盘、用力挂挡等），如图 2-3 所示。由于采集的驾驶行为数据是本书的重点分析对象，下面将重点介绍 Mobileye C2-270 系统和惯性导航系统 RT2500。

图 2-3　试验车及摄像头安装位置图

（1）Mobileye C2-270 系统。

Mobileye C2-270 系统是以色列 Mobileye 公司开发的基于视觉传感器技术的世界顶级主动安全产品，已被广泛应用在高级驾驶辅助系统（advanced driver assistance systems，ADAS）。该设备由智能摄像机和预警系统显示终端两部分组成，其中，前者安装在车辆挡风玻璃内侧，可实时监控前方路况包括路面上的标线以及前方机动车、行人或障碍物，如图 2-4（a）所示；后者一般安装在车辆操作台的正中间，如图 2-4（b）所示，该终端不同的显示界面表示不同的预警功能。Mobileye C2-270 系统的功能有以下几大类：① 前方碰撞预警。此系统基于视频图像处理技术，计算本车与前车之间的车头时距或车头间距，并在预警终端通过图像显示本车与前车的车头时距，当车头时距小于 0.6 s 时，将以声音和图像两种方式同时发布预警。② 车道偏离预警。此系统基于视频图像处理技术，获得本车车道偏离量，并在此基础上判断车轮是否轧线，再结合转向灯信号，判断该车道偏离量是驾驶人的有意识换道所致，还是其他原因导致驾驶人的车道保持能力变弱所致，系统将给出预警提示。③ 夜间行人检测、智能远光灯控制以及限速指示等其他功能。

本章将利用该系统的前方碰撞预警和车道偏离预警功能，采集本车的车头时距与车道偏离量。

（a）智能摄像机　　　　　　　（b）预警终端

图 2-4　Mobileye C2-270 系统

（2）惯性导航系统 RT2500。

惯性导航系统 RT2500 是英国 Oxts 公司生产的一种高精度导航系统，广泛运用在航空、陆地、海洋导航与跟踪控制等领域。该系统通过内置的高精度 GPS，伺服军工级加速度计及军工级角度率陀螺仪提供多种车辆运动状态信息，如位置、速度、三轴加速度、三轴角速度等。该设备可克服单一 GPS 设备由于路径等原因导致的数据掉包缺陷。由于 GPS 器件安装在车外，该设备可消除一般惯性传感器由于漂移而产生的误差。此外，该系统集成的多种处理算法可自动校正天线安装位置不佳引起的误差，可保证数据的稳定可靠性。因此，本章利用此系统采集在实际交通环境中运行的试验车的多轴速度、加速度、角速度与角加速度等运动状态信息，采集频率设置为 100 Hz。该设备装置在试验车后备箱内，并将其水平放置且固定，如图 2-5 所示。

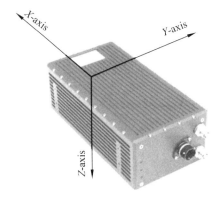 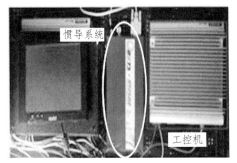

图 2-5　惯性导航系统 RT2500 及其放置示意图

2.2.2　数据采集设备

模拟实验和实车实验都会用到生物反馈仪和脑电记录仪这两种生理信号采集设备。

1. 生物反馈仪（ProComp Infiniti）

实验过程中用来采集驾驶人常规生理信号的设备是生物反馈仪（ProComp Infiniti），如图 2-6 所示。这款由加拿大 Biograph & Thought

Technology 公司生产的设备具有八个通道,可采集心电(electrocardiography, ECG)、肌电(electromyography, EMG)、皮肤电导率(skin conductance, SC)、呼吸率(respiration rate, RR)、血容量脉冲(blood volume pulse, BVP)、皮温(temperature, Temp)等参数,再利用其配备的 BioGraph 软件对采集的生理信号数据进行读写。考虑到实际工作环境以及数据的存储要求,实验过程中仅选用生物反馈仪的四个通道信号,即 BVP(对应通道 B),SC(对应通道 E),RR(对应通道 G),ECG(对应通道 H),采集频率均为 256 Hz。

图 2-6　生物反馈仪

由于在驾驶实验过程中,被试会频繁移动自己的手来操纵方向盘、挡位等,因此,为了保证生物反馈仪能连续稳定地采集生理信号,该仪器的相关传感器须与被试身体的相关部位尽量紧密连接,如 BVP, SC 与 RR 传感器须分别与被试的食指、食指和无名指(另一只手)、胸腔等部位保持良好接触。具体的传感器连接方法如图 2-7 所示。

  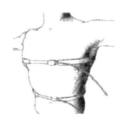

(a)通道 B-BVP　　　　(b)通道 E-SC　　　　(c)通道 G-Respiration

图 2-7　生物反馈仪传感器连接示意图

2. 脑电仪（Neruoscan 4.5 系统）

美国 Compumedics 公司制造的 Neruoscan 4.5 系统可采集驾驶人在各种情绪下的脑电信号（electroencephalography，EEG）。该系统由脑电帽、信号放大器与采集编辑软件组成。其中，脑电帽上的电极分布遵照标准国际 10-20 系统电极位；信号放大器是 40 导的直流放大器 NuAmps（见图 2-8），它可对 40 个电极采集到的脑电信号进行放大，便于后续的信号分析。本系统的采样频率可设为 125，250，500，1 000 Hz 等。为了尽可能精确地获得驾驶人在各种情绪下的脑电信号，本实验设置的采样频率为 1 000 Hz。在实验过程中，为了采集高质量的脑电信号，要求脑电仪的电极阻抗低于 5 kΩ，因此，所有的电极均通过导电膏处理以提高导电性。在向脑电帽的电极内注射导电膏时，其导电性可通过 Neruoscan 4.5 系统的信号采集软件 Neuroscan Aquire 进行呈现，如图 2-9 所示，其中深色代表导电性最佳，次深色次之，浅色最差。信号采集可选择 A/D 转换，为了去噪，信号的高通与低通滤波阈值分别设为 0.05 Hz 与 50 Hz。

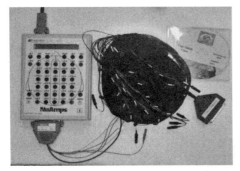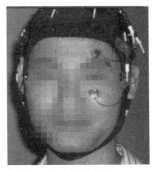

图 2-8　Nueroscan 4.5 系统组成图与脑电帽佩戴效果图

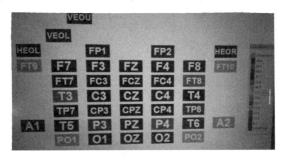

图 2-9　脑电帽电极连通导电性显示图

2.3　模拟实验设计

由于模拟实验具备可控、可重复以及安全性高等优势，本书首先开展了愤怒驾驶模拟实验。本书设计模拟实验的指导思想是诱导驾驶人产生愤怒情绪，然后让驾驶人带着愤怒情绪去完成各种实验任务。在实验过程中，因为驾驶人可借用车辆充分表达其愤怒情绪，从而可获得其愤怒情绪下的生理特性以及各种驾驶行为特性，如操作行为和车辆运动特性。在完成特定任务的同时，被试须进行情绪自我汇报。通过对诱导前后情绪等级的对比分析，来验证模拟实验的有效性。

2.3.1　愤怒情绪诱导方法

有效诱导愤怒情绪是开展后续情绪识别的前提。通过相关文献发现：基于有声视频的情绪诱导效果比单纯基于图片、声音或回忆的诱导效果好。对各年龄段驾驶人的访谈和情绪诱导尝试也进一步证实了该方法的有效性。另外，近年来，随着虚拟现实技术以及人机交互技术的发展，在模拟器环境中进行情绪诱导逐渐成为一种有效手段。因此，本书将基于这两种方法对驾驶人的愤怒情绪进行诱导：一，观看极易令人产生愤怒情绪的视频短片；二，在模拟环境中设置如交通拥堵、行人横穿马路、非机动车占道行驶与等红灯等特殊场景或基于多人交互驾驶的周边车辆干扰如加塞、抢道等特殊事件。其中，第一种方法是模拟现实生活中驾驶人由于受到某种挫折而提前带着愤怒情绪开车；第二种方法是模拟驾驶人在开车过程中遇到不友好的、刺激性场景或事件而临时产生愤怒情绪。

2.3.2　模拟实验被试介绍

在武汉市招募了 22 名具有中华人民共和国 C1 及以上驾驶执照的被试。在实验过程中，一名女性被试对驾驶模拟器有眩晕症，无法完成后续的驾驶任务，因此，本次实验有效被试为 21 人。其中男性被试 15 名，女性被试 6 名。被试年龄范围为 20 ~ 44 岁（平均年龄(33.7 ± 6.4)岁），驾龄范围为 1 ~ 18 年（平均驾龄为(9.2 ± 4.5)年）。同时，招募了一名驾驶经验丰富（驾龄 25 年以上且具备驾校教学经历）的观察者记录实验过程中被试的情绪等级。

2.3.3　模拟实验程序

由于本书将研究愤怒情绪对驾驶人的生理和驾驶行为特性的影响，并在此基础上对愤怒情绪进行识别，因此，需要通过驾驶实验获得被试在愤怒与中性情绪下的生理和驾驶行为差异性。该实验要求每名被试完成中性驾驶和愤怒驾驶两组实验，并将中性驾驶作为对照组。本章将采用视频刺激和特殊场景（事件）刺激这两种方式对被试的愤怒情绪进行诱导，并对比这两种方式的诱导效果。本章将被试分为两组：一组先进行基于视频刺激的驾驶任务，另一组先进行基于特殊场景（事件）刺激的驾驶任务；三天后两组被试对调再分别进行另一组实验，以消除学习效应。

1. 第一组实验（视频刺激）

模拟实验任务的基本场景设置为一段晴天、低交通流量的双向四车道高速公路，该场景通过 Unity3D 5.4 软件编辑实现。由于该交通条件没有太多限制，被试可充分发泄、表达其愤怒情绪。在实验过程中，被试基于自身的主观感受，利用情绪自评量表对诱导前后的情绪状态进行自我评价，情绪等级分为 10 级（0——无、9——非常）。例如，对于愤怒情绪，0 级表示无愤怒状态，9 级表示暴怒失控状态。由于个体差异性，不同被试对于同一种刺激场景的情绪反应可能不一样。基于事先的调查问卷，本章将被试在观看愤怒刺激视频后可能产生的情绪分为五类：中性（平静）、高兴、愤怒、悲伤与恐惧，因此，情绪量表将包含这五类情绪。实验程序如图 2-10 所示。

（1）**实验准备阶段**。正式实验开始前，向被试介绍本次实验的要求与注意事项，如限时任务须按时完成，否则扣除相应报酬，不得违反任何交通规则等。接着，被试填写人口统计学特征（性别、年龄、驾龄、学历、是否营运车辆驾驶人、是否卷入交通冲突或事故等）问卷量表，同时为被试佩戴信号采集设备，如生物反馈仪和脑电仪，并进行设备调试；然后进行 5 min 的适应性驾驶练习，以适应驾驶模拟器的方向盘、油门、刹车、离合器等部件的操作性能，并消除佩戴生理采集设备造成的不适感与紧张感。

（2）**对照实验阶段**。调整好驾驶姿势，收听 5 min 的轻松音乐以平静心情。接着让被试带着中性情绪（平静心情）在基本场景里沿着设定路线完成 10 min 的自由驾驶任务，在此过程中，被试的生理与驾驶行为数据被采集。随后被试进行情绪自我汇报，休息 5 min。

（3）**愤怒实验阶段**。休息之后依据被试生理信号的变化情况，确定愤怒情绪诱导的开始时间。当被试的生理信号稳定后，让被试观看 10 min 的愤怒情绪诱导视频。该视频短片选自《南京大屠杀》《黑太阳 731》与《精武门》等经典电影。观看完毕后，被试基于情绪等级量表向观察者客观地汇报其情绪状态。随后，被试带着情绪完成 10 min 的限时驾驶任务，在此过程中，驾驶模拟器平台的屏幕上会每隔 2 min 显示余下时间。同时，被试的生理与驾驶行为数据被相关设备采集。

（4）**实验完毕**。实验人员检查实验数据并进行归档处理，为被试取下实验设备并向其支付实验报酬。

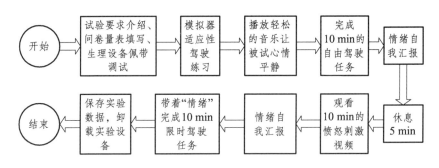

图 2-10　基于视频诱导的愤怒驾驶模拟实验流程

2. 第二组实验（特殊场景或事件刺激）

该组实验任务的基本场景设置为交通流量可变的双向四车道城市道路，实验路线总长为 15 km，限速 60 km/h。除了基本场景，被试将会随机遇到含有行人（多个）横穿马路、长时间等待红灯、交通堵塞等特殊场景以及由周边车辆的加塞抢道、闪光鸣笛等不文明驾驶行为构成的特殊事件序列，如图 2-11 所示。这些特殊场景也通过 Unity3D 5.4 软件编辑实现。周边车辆的加塞抢道等干扰行为通过基于多人驾驶模拟器联网的交互驾驶实现。实验程序如图 2-12 所示。

（a）交通堵塞

（b）等待红灯

（c）周边车辆闯红灯

（d）自行车横穿马路

（e）行人横穿马路

（f）周边车辆加塞抢道

图 2-11　特殊场景或事件

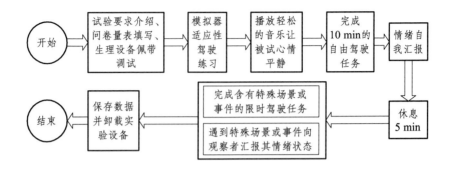

图 2-12　基于特殊场景或事件诱导的愤怒驾驶模拟实验流程

（1）**实验准备阶段**。如第一组实验所述。

（2）**对照实验阶段**。如第一组实验所述。

（3）**愤怒实验阶段**。

被试进入特殊场景或事件随机出现的模拟场景如图 2-11 所示。其中一个随机场景序列为：① 一群行人（前后交谈）无视信号灯缓慢地通过人行横道；② 公交车掉头阻塞交通；③ 礼让行人通过交叉路口后刚要起步又遇到长时间红灯信号；④ 交通流过大造成交通堵塞。该系列事件会周而复始地贯穿在整个驾驶任务中。为了进一步刺激被试，当被试进入某一特定路段，基于多台模拟器联网的其他三名驾驶人（假被试）对其展开干扰，如后车驾驶人（假被试）频繁鸣笛催促；对向驾驶人频繁闪烁远光灯；周边驾驶人随意加塞抢道（见图 2-11（f））；周边驾驶人同被试并行驾驶，阻止其超车。在整个实验过程中，每个被试会经历八个特殊场景四个特殊事件。为了强化诱导效果，要求被试在 25 min 内完成任务，但不得违反任何交通规则如闯红灯、超速等。同时，在驾驶模拟器平台的屏幕上会每隔 4 min 显示剩余时间。

在遇到这些特殊场景或事件时，被试须客观真实地向坐在副驾驶位置上的观察者汇报自己的情绪状态。为了最大限度地减少汇报时对其驾驶行为的影响，被试可采用极其简单的词汇如"愤怒 0""愤怒 1"等进行汇报。同时，观察者凭借自身的驾驶经验，通过被试的回复语气或激怒后的骂人情况、面部表情或操作动作（拍打方向盘、鸣笛等不耐烦动作、大力度地挂挡等）对被试的情绪状态进行评估。

（4）**实验完毕**。实验人员检查实验数据并进行归档处理，为被试取下实验设备，并根据实验完成时间向其支付实验报酬。

2.3.4 实验数据采集种类

模拟驾驶实验采集的数据包括生理设备采集的数据以及驾驶舱平台传感器采集的数据，如表 2-1，2-2 所示。

表 2-1 模拟实验生理信号采集指标和采集方法

参数类型	指标符号	采集设备	采样频率/Hz	数据说明
皮肤电导率	SC: Skin Conductance	ProComp--SC-Flex	256	micro-siemens (μs) 类似 micro-mhos(μm)
呼吸率/呼吸幅度	RR: Respiration Rate/ RA: Respiration Amplitude	ProComp--Resp-Pro /Flex	256	呼吸频率 (Hz) 和呼吸幅度 (胸部扩张相对量)
血流脉冲峰值	BVP: Blood Volume Plus	ProComp--HR/BVP -Pro/Flex	256	Hz，本参数可用于计算心率
心率/心率变异率	HR: Heart Rate /HRV: Heart Rate Variability	ProComp--HR/BVP -Pro/Flex	256	心率与心率波动
皮肤温度	ST: Skin Temperature	ProComp--Temp-Pro/Flex	256	体表温度
脑电	EEG	NeruoScan 4.5	1 000	反映大脑皮层的生物电活动(μv)

表 2-2 模拟实验驾驶行为采集指标和采集方法

采集指标	指标符号	采集设备	采样率/Hz	数据说明
加速踏板开度/%	APO	车载传感器	8	[0, 1]连续值，0——没踩踏板；1——完全踩下
制动踏板开度/%	BPO	车载传感器	8	[0, 1]连续值，0——没踩踏板；2——完全踩下

采集指标	指标符号	采集设备	采样率/Hz	数据说明
离合器开度/%	CO	车载传感器	8	[0, 1]连续值，0——没踩踏板；3——完全踩下
方向盘转角	SWA	车载传感器	8	[-360°, 360°]，往左为负，往右为正
挡位	GL	车载传感器	8	0——空挡，1, 2, 3, 4, 5前进挡，6——倒挡
速度	Speed	车载传感器	8	
所在车道	LID	车载传感器	8	1——最内侧，2——中间，3——最右边
车道偏离	LD	车载传感器	8	车辆中轴线距左、右车道边线距离，1.8 m表示在车道正中间，往右，右距减小，左距增加；往左反之

2.3.5 愤怒情绪诱导效果评价

为了验证基于视频与特殊场景或事件刺激的愤怒情绪诱导效果，本书引入情绪分化度这一评价指标。情绪分化度被定义为被试汇报的情绪与靶情绪（即目标情绪）之间的匹配率，通常采用击打率来表示情绪分化度。本书的目标情绪即愤怒情绪，因此，击打率 Hit_rate 可通过公式（2-1）计算：

$$Hit\_rate = \frac{Freq\_Anger}{Freq\_All} \times 100\% \tag{2-1}$$

式中 Freq_Anger 表示全体被试产生愤怒情绪的频次，Freq_All 表示全体被试产生所有情绪的频次。基于被试自我汇报的统计结果，得到基于视频与特殊场景或事件刺激的愤怒情绪分化度，如表2-3所示。从表 2-3 可看出，基于视频刺激的愤怒情绪诱导成功率为57.14%，而基于特殊场景或事件刺激的愤怒情绪诱导成功率为74.60%。关于愤怒情绪，被试诱导前后的等级如表2-4所示。从表2-4可看出，采用两种方式诱发后的愤怒情绪等级均显著高于诱发前，而第二种方式诱发的愤怒情绪等级明显高于第一种方式。综上所述，这两种愤怒情绪诱导方式都是有效的，且基于行人横穿马路、交通堵塞以及周边车辆加塞抢道等特殊场景或事件的诱导效果更好，为开展基于特殊场景、事件刺激的驾驶愤怒实车实验设计提供了理论支撑与参考。

表 2-3　基于视频与特殊场景（事件）刺激的情绪分化度

诱导方式		害怕	高兴	愤怒	悲伤	平静	总数	Hit_rate/%
视频	诱导前	1	6	1	1	12	21	4.76
	诱导后	2	1	12	3	3	21	57.14
特殊场景（事件）	诱导前	0	7	2	2	10	21	9.52
	诱导后	22	17	188	15	10	252	74.60

表 2-4　诱导前后被试愤怒等级的描述性统计

诱导方式	诱导前		诱导后		P 值
	均值	标准差	均值	标准差	
视频	1.32	0.41	2.67	1.62	**0.039**
特殊场景或事件	1.36	0.44	3.74	2.28	**0.024**

2.4　实车实验设计

采用模拟实验的手段虽然能很好地对被试的愤怒情绪进行诱导，但再逼真的模拟环境也无法代替真实交通环境。即使面对同一刺激场景，由于模拟实验是在安全的室内条件下进行的，驾驶人的感受也可能和身处真实的交通环境中的情绪（感受）有所不同，包括情绪强度的不同，甚至情绪类别的不同。另外，与模拟实验环境不同的是，基于实际交通环境的驾驶愤怒状态识别的研究成果可直接应用于愤怒驾驶检测应用中，因此，有必要开展实车驾驶实验。实车实验设计思想是在城市道路交通密度较大的路段如繁忙商业区的主干道和次干道上，被试很有可能遇到令人愤怒的驾驶环境或道路事件，而基于上节的模拟实验研究结果可知，这些环境或道路事件将诱发被试的愤怒情绪。通过相关数据采集设备可获得被试在愤怒状态下的生理、驾驶操作行为、车辆运动状态信号。同时记录被试在不同刺激场景（事件）下的愤怒情绪等级。

2.4.1 实车实验路线

为了有效诱发驾驶人的愤怒情绪，实验路线的选择至关重要。本章选定了一条位于武汉市内较为繁忙的路线，由于该实验路线途经武昌区和汉口区交通流量较大的主干道和次干道，被试会频繁遇到各种刺激事件。具体实验路线（见图 2-13）为：从武汉理工大学余家头校区航海楼大门口出发，经友谊大道上长江二桥进入汉口的解放大道、中山大道，之后，进入武汉长江隧道、楚汉路、沙湖大道、中北路、中南路、武珞路、珞瑜路、卓刀泉北路、八一路、二环线、东湖路、徐东大街与友谊大道，最后返回出发点。整个实验路线全程 53 km，途经 45 个信号交叉口、59 道行人斑马线以及 3 个大型商业区等。该路线包含若干条不同交通密度路段，便于激发不同的愤怒等级。

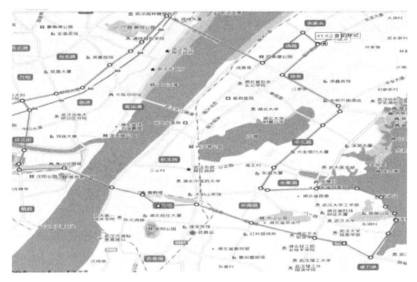

图 2-13 实车实验路线图

2.4.2 实车实验被试介绍

在武汉市招募了 30 名具有中华人民共和国 C1 及以上合法驾照的驾驶人，包括职业驾驶人和私家车驾驶人。其中包含 23 名男性驾驶人，7

名女性驾驶人。被试年龄为 23～54 岁（均值为(40.8±8.3)岁）；驾龄为 3～25 年（均值为(13.4±6.2)年）。为了确保本书获取的生理数据的准确性，被试的精神状态和身体状态必须是健康良好的，即这些被试无心理或精神上的疾病史。此外，还有两名跟车人员，其中一名是拥有丰富驾驶经验的职业驾驶人，该驾驶人坐在副驾驶位置上，一方面确保整个实验过程的安全，另一方面利用情绪等级量表记录被试的情绪等级。实验过程中需要对被试愤怒后的不良或危险驾驶行为以及可能的驾驶风险进行及时评估，并采取相应的应急措施，为此，本实验同样选取了具备驾校教学经历且拥有 25 年驾龄的职业驾驶人作为观察者。本研究中所有实车实验的观察者保持不变，以确保愤怒状态判断的一致性。为了在实验过程中准确记录被试的愤怒情绪，在实验开始时已经对观察者进行了培训。另一名跟车人员为实验室的研究生，负责在实验过程中监视和保证数据采集设备的正常工作。完成实验任务后，每位被试获得 300 元的基本实验报酬（奖惩除外），而观察者获得 200 元的实验报酬。

2.4.3　实车实验要求

1. 全程任务完成时间要求

本实验路线全程 53 km，根据预实验六次现场测试（早中晚高峰期）结果，被试须在 1 h 50 min 内完成预定路线的驾驶任务，否则按延迟时间扣除基本实验报酬。被试在实验过程中不得违反任何交通规则，尤其不得超速（限速 60 km/h）。被试在完成驾驶任务时须保证交通绝对安全。

2. 实验任务开始时间要求

本实验目的是最大限度地还原真实上下班情景，如需按时上班，在上班途中会遇到各种各样的愤怒刺激事件。为了使被试遇到尽可能多的愤怒刺激事件，实验安排在上下班高峰期进行。将被试按照实验时间要求分为两组，即上午组和下午组。参加上午组的被试须在 6 点半前到达实验出发地，经过 1 h 的实验准备（包括填写问卷、签订实验协议、佩戴生理设备并调试实验设备），7 点半左右准时出车实验。参加下午组的被试须在 15 点半前到达实验出发地，经过类似的实验准备后于 16 点半准时出车实验，实验效果如图 2-14 所示。

图 2-14　实车实验效果图

3．被试情绪状态反馈要求

在实验过程中，观察者每 2 min 询问一次被试的情绪状态（类型与强度），被试须根据自己当时确切的心理感受，客观、真实地进行自我汇报。同时，观察者凭借自身的驾驶经验，通过被试回复的语气或激怒后的骂人情况、面部表情或操作动作（拍打方向盘、鸣笛等不耐烦动作、大力度地挂挡等）对被试的愤怒状态做出进一步评价。被试的自我汇报和观察者的评价都采用 10 级 Likert 量表（例如，0 级愤怒表示平静状态（中性情绪），9 级愤怒表示极度愤怒，甚至失控状态）。当在实验过程中遇到极易引起被试情绪变化的交通情景即刺激事件时（交通拥堵、前车行驶缓慢、行人/非机动车横穿马路、周边车辆加塞抢道、随意并线、强行超车、长时间等待红灯等），观察者须立即询问并记录此时被试的情绪状态，同时记录此时的交通情境和时间，以备后期进行特征提取。

2.4.4　实车实验步骤

本次实车实验包括实验前准备阶段、适应性驾驶练习阶段、正式实验阶段和实验完成阶段，流程如图 2-15 所示，具体实现步骤如下所示。

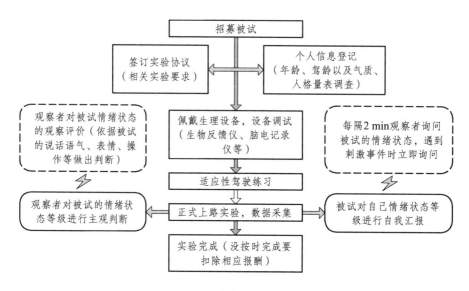

图 2-15　实车实验流程图

　　步骤一：实验介绍。当被试到达实验准备场地后，实验人员依据被试的驾照和身份证，登记其人口统计学信息如性别、年龄、驾龄、学历等，并向被试讲解实验任务、要求、流程及实验奖惩报酬等。当被试同意后，实验人员同被试签署实验知情书和实验协议。

　　步骤二：佩戴生理设备。签署协议后，实验人员为被试佩戴并调试生理设备，包括生物反馈仪 ProComp Infiniti 系统、脑电记录仪 Nueroscan 4.5 系统。其中，脑电仪的调试较为麻烦，尤其是往电极帽中加注适量导电膏以使电极呈现良好的导电性，该操作较为耗时。因此，在脑电仪调试过程中，被试可填写气质量表、人格量表和驾驶风格量表。这些量表可近似反映被试的人格特征如激进型或保守型。

　　步骤三：数据采集设备要同步采集。当生物反馈仪和脑电仪调试完毕后，开启其他数据采集设备，如前方操作台三个高清摄像头、集成了 CAN 线的工控机、Mobileye C2-270 系统、惯性导航系统 RT-2500 等。为了能将后期发生的刺激事件和驾驶人的生理信号、驾驶操作行为信号和车辆运动状态信号一一对应起来，在开启上述设备的同时，实验人员应用一高清摄像机对上述设备开始采集数据的时刻进行录像，以使实验所有数据采集设备同步采集。

步骤四：适应性驾驶练习。由于被试佩戴了各种生理设备，尤其是电极线较多的脑电帽，加以又开启了面部表情摄像头，被试可能会感到一定程度的不适或紧张，因此，在正式实验前应让每位被试进行 10 min 的适应性驾驶练习，练习路线选取正式路线的一小段。通过驾驶练习，一方面可消除被试佩戴生理设备引起的不适感，同时还可让被试适应试验车的操作性能如方向盘、挡位、刹车等。练习结束后让被试填写心境状态量表，作为情绪判断的基准值。

步骤五：正式实验及数据采集。在选定的实验路线上进行实车实验，每隔 2 min，由坐在副驾驶位置的观察者向被试询问目前的情绪状态。同模拟实验一样，该情绪状态同样采用 10 级 Likert 量表（0 级表示平静状态（中性情绪），9 级表示极度愤怒甚至失控状态）。特别是当遇到行人横穿马路、周边车辆加塞抢道、等红灯以及交通堵塞等刺激事件时，观察者应立即询问被试的情绪状态。同时，观察者可凭借自身的经验，通过前方道路环境以及被试的语气、面部表情或操作动作对被试的愤怒状态进行评价，该评价同样采用上述 10 级 Likert 量表。在实验过程中，被试的驾驶行为信号相应地被采集设备全程记录，采集指标如表 2-5 所示。而被试的生理信号也同样被记录下来，而且采集指标同模拟实验一致，如表 2-1 所示。

表 2-5　实车实验驾驶行为采集指标

采集指标	指标符号	采集设备	采样率/Hz	数据说明
加速踏板开度/%	APO	原车 CAN	70	[0, 1]连续值，0——没踩踏板；1——完全踩下
制动踏板开度/%	BPO	原车 CAN	70	[0, 1]连续值，0——没踩踏板；2——完全踩下
方向盘转角	SWA	转向盘转角传感器	70	[−360°, 360°]，往左为负，往右为正
车速	Speed	原车 CAN	70	
无意识轧线	LID	Mobileye C2-270	8 ~ 15	1——最内侧，2——中间，3——最右边

采集指标	指标符号	采集设备	采样率/Hz	数据说明
车头时距	THW	Mobileye C2-270	8~15	单位为 s，有效范围为 [0.4, 2.5]
车道偏离	LD	Mobileye C2-270	8~15	车辆中轴线距左、右车道边线距离，1.8 m 表示在车道正中间，往右，右距减小，左距增加，往左反之。
三轴速度	$v(x)$, $v(y)$, $v(z)$	惯性导航 R2500	100	纵向、横向、垂向速度
三轴加速度	$a(x)$, $a(y)$, $a(z)$	惯性导航 R2500	100	纵向、横向、垂向加速度
三轴角速度	$\theta(x)$, $\theta(y)$, $\theta(z)$	惯性导航 R2500	100	纵向、横向、垂向角速度
三轴角加速度	$\theta a(x)$, $\theta a(y)$, $\theta a(z)$	惯性导航 R2500	100	纵向、横向、垂向角加速度

步骤六：实验完毕。当被试完成实验任务，将实验车返回后，实验人员先保存好各项数据，再关掉数据采集设备。随后，被试根据当时的心情如实填写情绪状态量表，作为被试在实验结束后的情绪参考值。接着，实验人员卸下被试身上的生理设备，观察者将情绪等级量表交给实验人员进行汇总。

2.4.5 愤怒情绪诱导效果评价

为了验证基于实车实验的驾驶愤怒情绪诱导效果，本节同样引入情绪分化度这一评价指标。采用 2.3.5 节定义的 Hit_rate，对被试的自我汇报数据进行统计，得到基于道路特殊场景或事件刺激的愤怒情绪分化度，如表 2-6 所示。从表 2-6 可看出，没有道路事件刺激的所有被试的自我报告次数是 1 110 次，愤怒情绪的击打率即诱发成功率仅为 9.55%；而有道路事件刺激的则为 998 次，愤怒情绪的诱发成功率为 84.37%。对道路刺激事件进行进一步挖掘发现，周边车辆加塞抢道行为诱发被试产生愤怒情绪的概率最高，达 86.50%；其次是行人/非机动车横穿马路、等待红灯、交通堵塞。其他的道路刺激事件，如前方公交车低速行驶或占道行驶、路面条件差等也会使被试产生愤怒情绪，且总概率也在 80% 以上。表 2-7 反映出周边车辆加塞抢道行为诱发被试产生的愤怒情绪等级最高，平均值达 4.83；其次是行人/非机动车横穿马路、等待红灯、交通堵塞。同模拟实验的愤怒情绪诱导效果相比，实车实验诱发愤怒情绪的成功率与强度均高于模拟实验。

表 2-6　基于实际道路事件刺激的情绪分化度

	害怕	高兴	愤怒	悲伤	平静	总数	Hit_rate/%
无刺激	43	189	106	30	742	1 110	9.55
有刺激	48	40	842	34	34	998	84.37
周边车辆加塞抢道	9	8	237	11	9	274	86.50
行人/非机动车横穿马路	11	7	188	7	6	219	85.84
等待红灯	8	9	174	6	9	206	84.47
交通堵塞	9	6	117	7	4	143	81.82
其他	11	10	126	3	6	156	80.77

表 2-7　不同道路刺激事件诱发的愤怒等级的描述性统计

刺激事件	周边车辆加塞抢道		行人/非机动车横穿马路		等待红灯		交通堵塞	
	均值	标准差	均值	标准差	均值	标准差	均值	标准差
愤怒等级	4.83	1.34	4.52	1.22	4.14	1.15	3.82	1.08

2.5　数据预处理

由于实际交通环境具有复杂、多变、不可控特点，因此，需要对实验数据进行预处理，便于后续对被试在愤怒状态下生理与行为特征的准确提取。依据本书采集的数据类型，本书实验数据的预处理主要有：不同结构类型数据同步、基于情绪等级量表的被试的自我报告与观察者评价的统一、生理信号去噪、脑电信号去燥和驾驶行为信号平滑。

2.5.1 异构数据同步

本书采用多种实验设备对前方道路环境、驾驶人面部表情和驾驶操作进行视频拍摄，对驾驶人的情绪等级、生理信号、脑电信号、驾驶操作行为和车辆运行特性进行实时采集。若要研究驾驶人在愤怒状态下的生理特征与驾驶行为特征，就要分析某时刻驾驶人的某种情绪对应的刺激事件，以及该时刻下的生理信号、驾驶操作行为信号和车辆运动状态信号等。所以需要对各个设备采集的信号进行时间上的关联与对应，即数据同步。而数据同步的参考依据是时间戳，即要保证上述设备采集的信号都是从同一时刻开始的。因此，在实验开始前要将各个采集设备的采集时间进行初步的同步处理，但误差很难控制在 5 s 以内，而生理信号特征的提取对时间精度要求很高，所以还需进一步提高同步精度。为此，本书在正式实验前，要对各操作仪器开始采集数据的时刻进行全程录像，这样可将采集到的各类数据都调整到统一时间戳上。例如，假如在同步视频中最后（00:10:15.18）启动采集的是车辆运动信号工控机，那么将生物反馈仪（00:09:59.87 启动采集）采集的数据同步到车辆运动信号工控机

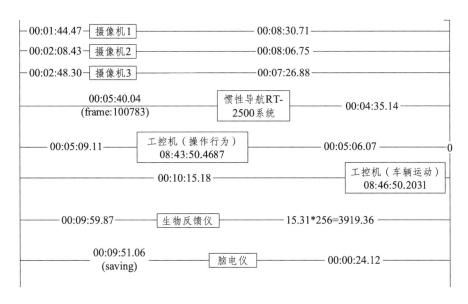

图 2-16 不同类型数据同步过程示意图

采集的信号时就要去除生物反馈仪启动采集后的 15.31 s (10:15.18~ 09:59.87)的数据，由于生物反馈仪的采样频率是 256 Hz，即去除 3 919 个数据（15.31*256 = 3 919.36），如图 2-16 所示。其他实验设备的同步过程类似。

2.5.2 情绪主观报告校正

在实验过程中，本书将采取两种方式对被试的情绪等级进行记录，即被试的自我报告和观察者评价。虽然在实验正式开始前的实验要求介绍中已要求被试须客观真实地报告自己的情绪等级，但是，还是会存在被试瞒报或刻意隐瞒自己真实感受的现象，因此，需要对被试的自我报告进行校正。当被试自我报告的情绪等级与观察者报告的情绪等级相差不超过 2 时，被试自我报告的情绪等级将直接作为后续研究的分析对象；否则，将另外邀请 3 名驾驶经验丰富的交通方面的专家以那些直接采用的情绪等级对应的视频为参考值，对采集前方道路交通环境、驾驶人面部表情及操作动作（拍打方向盘、鸣笛等不耐烦动作、大力度地挂挡等）的三路视频录像独立地回放分析并重新评估被试的情绪等级。

2.5.3 生理信号去噪

由于实际交通环境具有复杂、多变的特点，因此，基于实际交通环境采集的生理信号将不可避免地含有各种噪音。另外，由于本书采集心率（HR）、皮肤电导率（SC）、皮肤温度（ST）的传感器是绑在被试的左手和右手手指上，而被试在实验过程中会因操作方向盘、挡位、手刹等而移动其手部，这种移动将会使 HR，SC 与 ST 信号产生偏移，即产生伪迹。还有，绑在被试腹部上的呼吸（RR）传感器采集的信号也会因被试咳嗽等偶然行为而产生噪音。因此，有必要对被试的生理信号进行去噪。本书拟采用箱线图的方法来解决这一问题。如图 2-17 所示，依据数据的分布规律，图中用"深色+"部分表示生理信号的奇异值，即伪迹或噪音，这在后续数据分析时可去除。

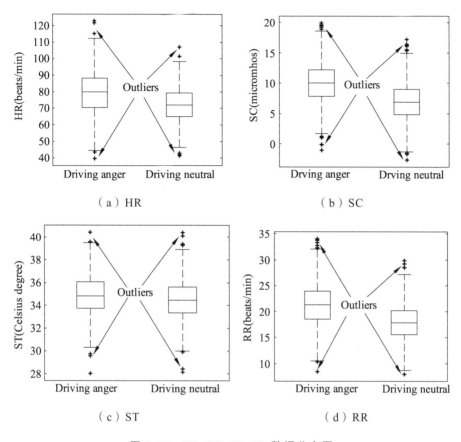

（a）HR　　　　　　　　　　　　（b）SC

（c）ST　　　　　　　　　　　　（d）RR

图 2-17　HR, SC, ST, RR 数据分布图

2.5.4　脑电信号去噪

同样，由于实际交通环境具有复杂、多变的特点，基于实际交通环境采集的脑电信号（EEG）也不可避免地含有各种噪音。其中，高频噪音主要是由电子设备造成的热力噪音，而低频噪音主要是由被试呼吸、心跳和肌肉伸缩等，尤其是眼动造成的。近年来，随着脑电分析技术的发展，已经有很多成熟的脑电信号去噪技术，如独立成分分析[111,112]、semi-local 高斯过程[113]等。考虑到 EEG 信号是一种复杂的非平稳信号，本书将采用如下两个步骤对 EEG 信号进行去噪：（1）基于正常 EEG 信号的频率范围，采用低通滤波器截取[0.5, 35]Hz 脑电信号；（2）在（1）

的基础上，采用小波阈值[114]的方法进一步对一些频率范围与正常 EEG 信号部分重合的信号（如眼电信号）进行剔除，剔除效果如图 2-18 所示。经过这两个步骤的去噪处理，EEG 信号可用在后续的分析研究中。

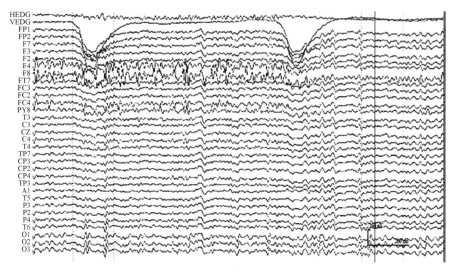

（a）原始脑电信号

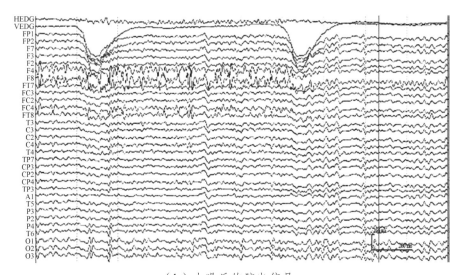

（b）去噪后的脑电信号

图 2-18　原始脑电信号与去噪后的脑电信号

2.5.5 驾驶行为信号去噪

由于本书利用多种实验设备来采集驾驶行为信号，如惯性导航 RT2500 系统和集成了 CAN 线的两类工控机（一类采集驾驶操作行为，另一类采集车辆运动状态），这不可避免地增加了信号采集过程的复杂性和不稳定性。因此，为了提高数据的可靠性和精度，本书采用三次样条插值处理方法对驾驶行为数据进行预处理，这不仅可剔除信号奇异值，还可恢复一些随时间变化的不合理数据。例如，如图 2-19 所示，在 110～115 s 的时候，速度原始数据明显出现错误，经过三次样条插值处理后的数据如图中的深色圆圈所示，它可继续前一时刻原始数据的变化趋势。其他驾驶行为信号可采用此方法去噪。

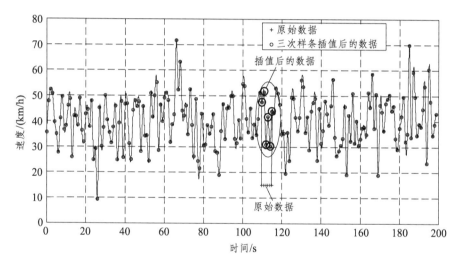

图 2-19 速度信号的三次样条插值去噪示意图

2.6 小结

为了深入研究驾驶愤怒情绪的诱导因素与愤怒状态下的生理或驾驶行为特性，本章设计了模拟实验和实车实验两种实验方法。首先，介绍了这两种实验系统平台及其采集的指标类型；其次，介绍了这两种实验的设计思路与实验步骤；最后，介绍了实验过程中采集的各种类型数据的预处理方法。需要说明的是，本章开展的模拟实验不仅为实车实验设计提供了理论参考与支撑，还可补充实车实验中无法获得的诱导场景，如周边车辆的频繁加塞行为。后续章节中的数据分析对象主要来源于实车实验。

第 3 章

驾驶愤怒状态预测模型
及诱发因素敏感度分析

现有的研究仅对驾驶愤怒情绪的诱导因素进行了定性分析，未做深入的定量分析，这难以在实际交通环境中对驾驶愤怒情绪致因进行准确预测。为此，本章将应用非集计理论建立驾驶愤怒强度选择（预测）模型，并对模型的预测精度进行评价。同时，基于预测模型的选择概率，对影响驾驶愤怒情绪的诱发因素进行敏感度分析，从而得出驾驶人愤怒情绪的决定性影响因素，实现对驾驶愤怒情绪诱发机理的深度挖掘。

3.1 驾驶愤怒情绪诱发因素分析

由于"路怒症"，即愤怒驾驶可能导致危险性驾驶行为发生，下面对"路怒症"的诱发因素进行分析，而驾驶愤怒情绪的影响因素包括个体因素与环境因素。其中，个体因素包括驾驶人的人口统计学特征和心理特质；环境因素则主要体现在刺激场景或事件上。目前，关于驾驶愤怒情绪个体诱发因素分析的研究较多，而有关环境诱导因素的研究则较少。

3.1.1 个体因素分析

人口统计学特征主要包括驾驶人的性别、年龄、驾龄与驾驶里程等方面。有研究表明，女性驾驶人比男性驾驶人具有更高的愤怒水平[20]，女性驾驶人在遇到交通障碍时更容易产生愤怒情绪，而男性驾驶人在遇到警察在场时更易愤怒[26]；但也有研究表明，男性与女性驾驶人在驾驶愤怒水平上并没有显著差异[115]。在年龄方面，有研究表明，年龄与驾驶愤怒水平呈显著负相关关系，但 Yasak 等人的研究发现，年龄与驾驶愤怒水平无明显相关性[22]。在驾龄方面，Jovanovic 等人的研究表明，驾龄与驾驶愤怒水平呈负相关关系，驾驶里程与驾驶愤怒水平呈显著负相关关系[32]。郭双等人的研究也证明了驾驶愤怒水平与驾驶经验负相关，即驾龄越长、驾驶里程越长，其愤怒情绪爆发的频次和程度越低，因此，驾驶经验可在一定程度上预测愤怒驾驶或攻击性驾驶行为[116]。综上所述，在研究人口学因素对愤怒驾驶的影响时，各学者在研究结论上存在些许差异，有的结论甚至相反，导致这一现象的原因可能是各国学者选取的被试样本在文化背景、交通环境、安全意识、交通素质与驾驶习惯、驾驶风格等方面存在较强的地域性差异。因此，人口学因素对驾驶愤怒水平的影响没有定论，有必要对其开展进一步研究。

影响愤怒驾驶水平的心理因素主要有情绪和人格。在情绪方面，Mclinton 等人研究发现，驾驶愤怒水平与愤怒特质呈显著正相关关系[117]；而 Yasak 等人发现，驾驶愤怒水平还与抑郁、焦虑等负性情绪呈显著正相关关系[22]。在人格特质方面，人们发现，气质和人格都能对驾驶行为产生影响，其中，气质是一种典型且稳定的心理特质，可通过情绪体验的快慢强弱、动作的迟敏隐显等高级神经活动类型表现出来[118]。刘江等人研究得出，胆汁型气质的驾驶人，行驶速度较快，且富于冒险精神，易产生攻击性驾驶行为，发生潜在交通事故的比例高，而抑郁型气质的驾驶人，行车速度较低、行为较谨慎[34]。人格（personality），往往也被称为个性，是一种相对稳定的心理特征，是自我意识和自我控制能力的综合反映。它统一了人类心理特征，具有整体性、个体性、动机性和适应性，可在不同的时空条件下影响人的思维与行为方式的显隐性，因此，对人的感觉、情感、意志等心理特征产生主导作用[119]。其中，大五人格量表（宜人性、外向性、开放性、责任感和情绪稳定性）作为一种典型的人格分析量表，在驾驶行为领域得到了广泛应用。Dahlen 等人研究发现，驾驶愤怒水平与责任感、开放性、宜人性和情绪稳定性之间呈显著负相关关系[120]。Jovanovic 等人[32]的研究表明，驾驶愤怒水平与神经质程度正相关，而与责任感和宜人性负相关。Srbescu 等人[121]发现，愤怒驾驶行为与冲动性感觉寻求、攻击性人格特征存在显著正相关关系。从前人的研究结论可看出，积极（正性）的情绪和人格特征会缓和或抑制驾驶人驾驶愤怒情绪的爆发，而消极（负性）情绪和人格特征会诱导驾驶人产生愤怒情绪。因此，为了降低驾驶愤怒情绪产生的频次或程度，驾驶人应及时进行自我心理调整即自适应调节，在驾驶过程中应尽量避免带有负性情绪。

3.1.2 环境因素分析

影响驾驶愤怒的外界因素包含周边驾驶人的行为和驾驶环境因素。相关研究结果表示，周边驾驶人的不文明驾驶行为如吼叫、言语辱骂、威胁等和违法驾驶行为如加塞抢道、随意变道与并线、强行超车和闯红灯等以及道路拥堵、警察干预等因素都会诱导驾驶人产生愤怒情绪[18,20,22]。Mclinton 等人[117]研究发现，驾驶人感受到的环境压力会诱发驾驶人的驾驶愤怒情绪，且与驾驶愤怒水平显著正相关。驾驶过程是驾驶人与外界环境相互作用的过程，驾驶环境制约着驾驶人的行为；当驾驶人处于压力状态下或备感挫折时，其情绪调节和控制能力会减弱，易诱发愤怒驾驶甚至攻击性驾驶行为。

3.2 驾驶愤怒强度预测模型

本章在影响驾驶愤怒情绪的个体因素分析基础上，深入分析社会因素即环境因素对驾驶人愤怒驾驶的影响，并基于此构建驾驶愤怒强度预测模型，对驾驶愤怒情绪的诱发因素进行敏感度分析。

3.2.1 驾驶人愤怒强度初步标定

本章采用的愤怒情绪等级量表是 10 级 Likert 量表，即按愤怒强度将愤怒情绪等级分为 10 级，数值越大，表示被试愤怒情绪等级越高。其中，0 级表示愤怒强度为零，可以近似认为被试处于中性情绪状态；9 级表示暴怒状态，可认为被试的愤怒强度达到最大值，此时，被试已无法控制自己的情绪、言语与行为等。在实验过程中，被试的愤怒情绪等级通过两种方式记录，即被试的自我汇报和观察者的主观评价，而且这两种方式均采用 10 级 Likcrt 量表。由于驾驶人之间存在文化程度、人生阅历与驾驶经验等差异，因此，被试的自我汇报结果与观察者的评价结果之间存在一定的差异性，但两者在反映被试愤怒强度变化的趋势上仍保持较强的相似性。图 3-1 为被试 5 在整个实验过程中愤怒强度的自我汇报和观察者评价。从图 3-1 可看出，观察者和被试关于愤怒强度的评价基本一致，两者的报告结果完全一致的概率甚至达到 38%（19/50 = 38%），这说明这种评价方式具有较好的一致性。另外，从图 3-1 还可看出，在大多数情况下，观察者评价的愤怒情绪等级比被试自我报告中的愤怒情绪等级高 1 ~ 2，这可能是被试在填写自我报告时刻意隐藏并掩盖了自己的真实感受；但在高等级（6 ~ 7）情况下，被试自我报告中的愤怒情绪等级反而比观察者的评价等级高 1，这可能是遇到高等级愤怒刺激事件时，观察者作为旁观者没有深入的愤怒情绪体验，而被试处于带有时间压力的驾驶任务当中，对愤怒情绪的体验比观察者更深刻。因此，在高等级的愤怒情绪报告中，被试自我报告中的愤怒情绪等级可能略微比观察者的评价高。

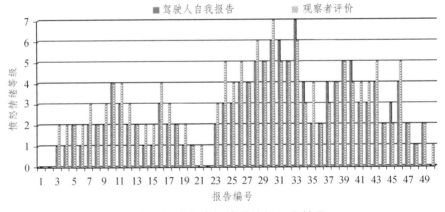

图 3-1　被试 5 愤怒情绪等级记录结果

　　为了进一步对被试自我报告中的愤怒情绪强度和观察者评价的一致性进行检验，下面对所有被试的这两者之间的相关性进行统计分析。依据评分者信度理论，采用 Spearman 等级相关法求得所有被试的自我报告中的愤怒情绪等级和观察者评价的愤怒情绪等级之间的相关系数平均值，为 $0.832 > 0.8$（$P = 0.02 < 0.05$），如图 3-2 所示。这表明，两者对被

试愤怒情绪等级的评价具有稳定性和一致可信性。因此，对于被试的愤怒情绪等级，被试的自我报告和观察者评价的结果这两者之间不存在显著性差异。图 3-2 结果表明：在 30 组被试的愤怒驾驶实车实验中，共有 5 组被试（7, 10, 14, 23, 29）的自我报告和观察者评价之间的相关系数超过 0.9；17 组被试的相关系数介于 0.8 与 0.9 之间，仅有 8 组被试（1, 2, 5, 13, 15, 18, 21, 26）的相关系数介于 0.7 与 0.8 之间。因此，本章被试愤怒情绪等级的评价结果是可信的，可作为被试愤怒情绪等级的参考值。为了前后统一，本章选取被试自我报告中的愤怒情绪等级作为驾驶人的愤怒情绪等级。若被试的自我报告结果与观察者的评价结果等级相差不小于 2，则邀请另外 3 名驾驶行为领域的专家（驾龄 25 年以上）对试验过程中记录前方道路环境、驾驶人面部表情、驾驶人操作行为的视频内容进行回放，并以被试的自我报告和观察者评价一致的视频内容为评判参照基础，对被试的愤怒情绪等级进行独立评估，以评判结果相近的两名专家的结果作为被试最终的愤怒情绪等级。

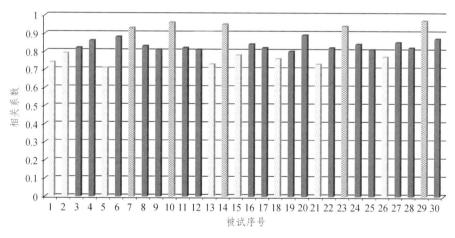

图 3-2　被试自我报告与观察者评价相关系数

3.2.2　非集计模型原理

基于非集计理论的交通行为分析一般将出行者个体作为研究对象，根据个体调查数据建立和标定模型，从个体角度研究出行者的行为特征。

早在 20 世纪 60 年代，日本学者借用经济学的效用理论，首次提出了用于交通方式划分的非集计模型（disaggregate model）方法。由于在交通方式多种因素影响效果以及短期交通管理评价等方面，非集计模型较传统的"四阶段法"等集计模型的应用优势更大，因此，非集计模型自创立开始，便吸引了许多交通规划理论领域学者的研究兴趣，它不仅被频繁应用在交通方式划分领域，还广泛应用在交通发生、交通分布与交通分配等涉及选择问题等领域。相对于传统的集计方法，非集计方法将每个交通个体作为统计单位，直接将统计数据用于模型构建，而不需要以交通小区为单位进行统计处理，可充分运用调查所得的个人数据。因此，非集计模型能更准确地描述个人、家庭的出行选择过程，且建模要求的调查样本量也较集计模型小[122]。

非集计模型是以出行者选择结果的效用最大化这一假设为理论基础[123]，即在特定的影响因素作用下，出行者选择具有最大效用值的交通出行方式。例如：对于出行者 m，其第 j 种交通方案的效用函数定义为

$$U_{jm} = V_{jm} + \varepsilon_{jm} \tag{3-1}$$

式中 V_{jm}，ε_{jm} 分别为效用函数的固定项和随机项。V_{jm} 与其包含的多种影响变量之间可用多种关系进行描述，但通常用如下线性关系进行表述：

$$V_{jm} = \sum_{k=1}^{K} \lambda_k X_{jmk} \tag{3-2}$$

式中 λ_k 为第 k 个影响变量的参数，X_{jmk} 为第 m 个出行者的第 j 种交通方式的第 k 个影响变量，K 为影响变量的数量。

从非集计模型产生至今，其理论方法和具体模型在交通预测和规划领域得到了较大程度的发展，并产生了各类模型，如 Multinomial Logit（MNL）模型、Nest Logit（NL）模型和 Probit 模型等。例如，在建模过程中，当效用函数的随机项 ε_{jm} 服从二重指数（Gumbel）分布或多维正态分布时，该非集计模型为 MNL 模型或 Probit 模型。

驾驶人作为人-车-路系统中最核心的因素，其驾驶行为的变化可能使得整个交通系统也随之变化。而愤怒情绪往往会影响驾驶人的感知、判

断、决策和执行过程，进而影响其驾驶行为和驾驶绩效。所以，个人因素和场景（环境）因素对驾驶人愤怒情绪的影响较大。而驾驶情绪的产生往往具有一定程度的非线性和离散性特点，非集计模型能够较好地适应于驾驶情绪的产生特性。驾驶人是否产生愤怒情绪（愤怒驾驶），其本质可视为一种行为选择结果，即在各种影响因素的作用下，驾驶人将基于个人期望效应选择特定的驾驶情绪类型或等级，所以可用非集计理论对驾驶愤怒等级进行预测。

3.2.3　MNL 模型构建

1. MNL 模型的建立

由于多项 Logit（multinomial logit，MNL）模型具有简洁的数学形式、易于理解的物理意义等特点，近年来被广泛运用在交通领域的模型预测中。假设式（3-1）中的 ε_{jm} 与 V_{jm} 相互独立，且 ε_{jm} 服从 Gumbel 分布[122]，其分布函数与密度函数可分别表示为

$$F(\varepsilon) = e^{-\lambda e^{-\varepsilon}} \qquad (3-3)$$

$$f(\varepsilon) = \lambda e^{-\varepsilon} e^{-\lambda e^{-\varepsilon}} \qquad (3-4)$$

式（3-3）与（3-4）中，$\lambda > 0$，$-\infty < \varepsilon < +\infty$。根据效用理论，设随机向量 $\varepsilon_m = (\varepsilon_{1m}, \varepsilon_{2m}, \cdots, \varepsilon_{im})$ 的联合分布函数和联合密度函数分别为 $F(\varepsilon_{1m}, \varepsilon_{2m}, \cdots, \varepsilon_{im})$，$f(\varepsilon_{1m}, \varepsilon_{2m}, \cdots, \varepsilon_{im})$，依据相关数学知识可推导出 MNL 模型的基本形式。

推导过程如下所示：

$$
\begin{aligned}
P_{jm} &= Prob(U_{jm} > U_{im}, \forall j \neq i) \\
&= Prob(V_{jm} + \varepsilon_{jm} > V_{im} + \varepsilon_{im}, \forall j \neq i) \\
&= Prob(\varepsilon_{im} < V_{jm} + \varepsilon_{jm} - V_{im}, j \neq i, \forall i \in A_m) \qquad (3-5)
\end{aligned}
$$

式中 A_m 为出行者 m 的所有出行方式选择方案集合，第 m 个出行者选择第 1 种出行方式的概率用式（3-6）表示：

$$P_{1m} = \int_{-\infty}^{+\infty} \int_{-\infty}^{V_{1m}-V_{2m}+\varepsilon_{1m}} \cdots \int_{-\infty}^{V_{1m}-V_{im}+\varepsilon_{1m}} f(\varepsilon_{1m}, \varepsilon_{2m}, \cdots, \varepsilon_{im}) \mathrm{d}\varepsilon_{1m} \mathrm{d}\varepsilon_{2m} \cdots \mathrm{d}\varepsilon_{im} \qquad (3-6)$$

将式（3-3），（3-4）代入式（3-6）中，得到第 m 个出行者选择第 j 种出行方式的概率：

$$
\begin{aligned}
P_{jm} &= \int_{-\infty}^{+\infty} \prod_{i \neq j} \exp[-\lambda \exp(-V_{jm} - V_{im} + \varepsilon)] \times \lambda e^{-\varepsilon} \exp(-\lambda e^{-\varepsilon}) \mathrm{d}\varepsilon \\
&= \int_{-\infty}^{+\infty} \prod_{i} \exp[-\lambda \exp(-V_{jm} - V_{im} + \varepsilon)] \times \lambda e^{-\varepsilon} \mathrm{d}\varepsilon \\
&= \int_{-\infty}^{+\infty} \exp\left[-\lambda e^{-\varepsilon} \sum_{i} \exp(V_{im} - V_{jm})\right] \times \lambda e^{-\varepsilon} \mathrm{d}\varepsilon \\
&= \frac{e^{V_{jm}}}{\sum_{i=1}^{I_m} e^{V_{im}}}
\end{aligned}
\tag{3-7}
$$

式中 i, j 表示出行方式编号，在本章指愤怒情绪等级编号；I_m 表示出行方式总数即愤怒情绪等级总数，且有 $0 \leqslant P_{jm} \leqslant 1$，$\sum_{j \in A_m} P_{jm} = 1$。

2. MNL 模型求解

在实际应用中，可采用极大似然估计方法结合牛顿-拉普松法（Newton-RaPhson）对 MNL 模型进行求解。模型计算过程如下：

（1）极大似然函数的确定。

效用函数往往采用线性形式，其表达式如下：

$$
V_{jm} = \lambda \boldsymbol{X}_{jm} = \sum_{k=1}^{K} \lambda_k X_{jmk} , \quad j \in A_m
\tag{3-8}
$$

式中 $\boldsymbol{\lambda} = (\lambda_1, \cdots, \lambda_k)^{\mathrm{T}}$ 为待求参数向量；$\boldsymbol{X}_{jm} = (X_{jm1}, X_{jm2}, \cdots, X_{jmk}, \cdots, X_{jmK})$ 为第 m 个驾驶人选择第 j 种愤怒强度的影响因素向量，则第 m 个驾驶人选择第 j 种愤怒强度的概率为

$$
P_{jm} = \frac{e^{\lambda \boldsymbol{X}_{jm}}}{\sum_{i \in A_m} e^{\lambda \boldsymbol{X}_{im}}} = \frac{1}{\sum_{i \in A_m} e^{\sum_{k=1}^{K} \lambda_k (X_{imk} - X_{jmk})}}, \quad j \in A_m
\tag{3-9}
$$

引入变量 δ_{jm}：

$$\delta_{jm} = \begin{cases} 1, & \text{第 } m \text{ 个驾驶人选择第 } j \text{ 种愤怒强度} \\ 0, & \text{第 } m \text{ 个驾驶人未选择第 } j \text{ 种愤怒强度} \end{cases}$$

则所有驾驶人同时选择第 j 种愤怒强度的概率为

$$L^* = \prod_{n=1}^{N} \prod_{j \in A_m} (P_{jm})^{\delta_{jm}} \tag{3-10}$$

式中 N 为调查样本中驾驶人总数。其对数似然函数 L 为

$$L = \ln L^* = \sum_{n=1}^{N} \sum_{j \in A_m} \delta_{jm} \left(\lambda X_{jm} - \ln \sum_{i \in A_m} e^{\lambda X_{im}} \right) \tag{3-11}$$

式中 L 是关于 λ 的凸函数，故 L 的极大似然估计向量 λ 可通过 λ_k 对式（3-11）求导后令其为 0 求得。如下所示：

$$\frac{\partial L}{\partial \lambda_k} = \sum_{n=1}^{N} \sum_{j \in J_m} \delta_{jm} \left(X_{jmk} - \frac{\sum_{i \in J_m} X_{imk} e^{\lambda X_{im}}}{\sum_{i \in J_m} X_{jmk} e^{\lambda X_{im}}} \right) = 0, \quad k = 1, 2, \cdots, K \tag{3-12}$$

因为 $\sum_{j=1}^{J_m} \lambda_{jm} = 1$，$J_m$ 为 A_m 中包含的愤怒强度 j 的个数，故式（3-12）可简化为

$$\sum_{n=1}^{N} \sum_{j \in A_m} (\lambda_{jm} - P_{jm}) X_{jmk} = 0, \quad k = 1, 2, \cdots, K \tag{3-13}$$

（2）确定梯度向量与 Hessian 矩阵。

设式（3-13）对 λ 求导后得到的向量为梯度向量 ∇L，令其等于 $\mathbf{0}$，建立联立方程式，此方程式的解为求得某个特定的最优估计值 λ 使得 L 取得最大值，$\nabla^2 L$ 为 Hessian 矩阵。

$$\nabla L = \begin{bmatrix} \dfrac{\partial L}{\partial \lambda_1} \\ \vdots \\ \dfrac{\partial L}{\partial \lambda_k} \\ \vdots \\ \dfrac{\partial L}{\partial \lambda_K} \end{bmatrix} = \begin{bmatrix} \displaystyle\sum_{n=1}^{N} \sum_{j \in J_m} (\delta_{jm} - P_{jm}) X_{jm1} \\ \vdots \\ \displaystyle\sum_{n=1}^{N} \sum_{j \in J_m} (\delta_{jm} - P_{jm}) X_{jmk} \\ \vdots \\ \displaystyle\sum_{n=1}^{N} \sum_{j \in J_m} (\delta_{jm} - P_{jm}) X_{jmK} \end{bmatrix} \tag{3-14}$$

$$\nabla^2 L = \begin{bmatrix} \dfrac{\partial^2 L}{\partial \lambda_1^2} & \cdots & \dfrac{\partial^2 L}{\partial \lambda_1 \partial \lambda_K} \\[2mm] \dfrac{\partial^2 L}{\partial \lambda_2 \partial \lambda_1} & \cdots & \dfrac{\partial^2 L}{\partial \lambda_2 \partial \lambda_K} \\ \vdots & & \vdots \\ \dfrac{\partial^2 L}{\partial \lambda_K \partial \lambda_1} & \cdots & \dfrac{\partial^2 L}{\partial \lambda_K^2} \end{bmatrix} \qquad (3\text{-}15)$$

（3）求解最优估计值 λ。

求解似然函数 L 取得极大值时的最优估计值 λ，即求解式

$$\nabla L = \mathbf{0}$$

的 K 阶联立非线性方程。可运用 Newton-Raphson（牛顿-拉普松）法求解该方程[122]。

3.2.4　选择肢和影响因素变量

根据被试驾驶愤怒情绪的基本特性，参照基于非集计理论的出行者交通方式选择模型的构建要求，本书基于 MNL 的驾驶人愤怒强度预测模型的构建与评价步骤如图 3-3 所示。由于目前 TransCAD 软件内嵌了 MNL 模型的参数标定功能，因此，本书采用该功能进行 MNL 模型的构建与参数标定，如图 3-4 所示。图 3-3 中的 t 为变量参数 λ 的检验值，ρ^2 为公式（3-7）的决定系数。

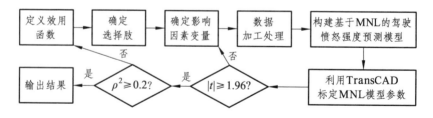

图 3-3　基于 MNL 的驾驶愤怒强度选择模型的构建与评价流程

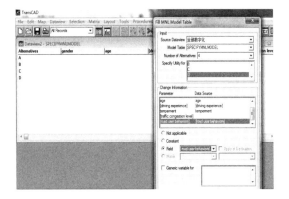

（a）确定选择肢和影响变量

ID	gender	age	driving experience	temperment	traffic congestion level	road user behaviors	driving anger intensity
1	1	47	20	2	2	0	A
2	1	50	20	0	0	2	C
3	1	54	13	2	2	1	A
4	1	23	3	1	2	2	B
5	0	42	9	2	2	1	D
6	0	41	18	1	1	2	B
7	1	28	10	2	2	1	A
8	1	35	4	2	2	2	C
9	1	36	16	2	2	1	A
10	0	39	9	2	2	2	A
11	1	39	12	2	2	1	B
12	1	22	4	1	2	2	C
13	0	43	10	2	1	2	A

（b）导入数据

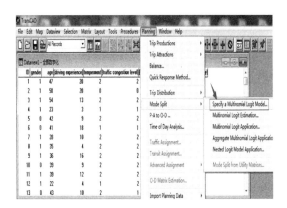

（c）构建 MNL 模型

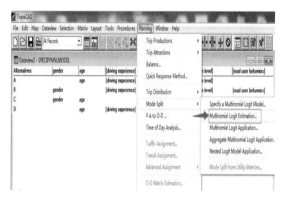

（d）模型参数标定

图 3-4　基于 MNL 的驾驶愤怒强度选择模型构建与参数标定过程

　　通过分析驾驶人愤怒情绪表达途径，结合目前国内外有关驾驶愤怒情绪表达的研究结果，本书基于驾驶人的外在行为表现及愤怒情绪等级量表记录结果将愤怒强度划分为四个等级，如表 3-1 所示。基于非集计模型对选择肢的要求，将驾驶人的四种愤怒强度分别用 A, B, C, D 表示，作为驾驶愤怒强度的选择肢。

表 3-1　驾驶人愤怒强度定义

愤怒强度	表现方式
正常（平静）驾驶（用 A 表示）	驾驶行为、言语、表情正常，心情舒畅、放松（愤怒情绪量表记录等级为 0）
低强度愤怒驾驶（用 B 表示）	车内辱骂诅咒（或心里想象）其他驾驶人、对其他驾驶人摇头或做一些负面评价，即言语攻击性表达（愤怒情绪量表记录等级为 1 或 2）
中强度愤怒驾驶（用 C 表示）	更严重的言语攻击表达，或摇下车窗口头表达不满、竖中指等敌意姿势，以及拍打方向盘等肢体攻击性表达（愤怒情绪量表记录等级为 3 或 4）
高强度愤怒驾驶（用 D 表示）	更严重的肢体攻击表达，或乱鸣笛、短时超速、强行超车、随意并线、加塞抢道故意阻挡他人车辆等使用车辆攻击性表达（愤怒情绪量表记录等级为[5-9]）

　　借鉴 MNL 模型对出行者交通方式选择属性的要求，以及基于驾驶人愤怒情绪产生后的言语、肢体或驾驶操作行为特性，本章将个人属性（因

素）和环境属性（因素）作为驾驶人愤怒强度选择的主要影响因素。这两类属性包括的具体因素变量及其定义如表 3-2 所示。

表 3-2   MNL 模型变量定义及描述

	影响因素	变量	描述及定义
个人属性	性别	X_1	男性——1，女性——0
	年龄	X_2	实际年龄数值
	驾龄	X_3	实际驾龄数值
	受教育水平	X_4	小学及以下——0，初中——1，高中——2，大学及以上——3
	气质	X_5	根据陈会昌气质量表测试，划分为四级：抑郁质——0，黏液质——1，多血质——2，胆汁质——3
	是否职业驾驶人	X_6	是——1，否——0
	是否曾经卷入交通事故	X_7	是——1，否——0
环境属性	天气状况	X_8	晴天——0，多云——1，阴天——2，雨天——3
	交通设施条件	X_9	道路、交通标志等按好坏程度划分为三级：好——0，一般——1，差——2
	交通拥挤程度	X_{10}	依据《城市交通管理评价指标体系》[124]，将拥堵程度划分为四级：畅通——0，轻度拥堵——1，拥堵——2，严重拥堵——3
	红灯等待时长	X_{11}	按问卷调查结果将红灯等待时长划分为四类：短（<20 s）——0，较短（20~40 s）——1，较长（40~60 s）——2，长（60 s+）——3
	任务时间压力	X_{12}	按问卷调查结果将感受到的时间压力划分为四类：无——0，低——1，中等——2，高——3
	周边车辆违法驾驶情况	X_{13}	按问卷调查结果将周边车辆违法驾驶情况划分为四类：文明驾驶——0，前方车辆慢速行驶——1，行人横穿/非机动车横穿、占道与并线等——2，周边车辆加塞——3

3.2.5   模型参数标定

本书构建的 MNL 模型的参数标定依托 Trans CAD 软件，选用的四种强度的驾驶愤怒样本数分别为 704，420，310 与 156，标定结果如表 3-3 所

示。基于非集计模型理论，当置信度设为 0.95 时，若模型标定后的影响因素变量对应参数的正负性与实际情况相符，且参数值 $|t| \geqslant 1.96$，则表示该因素能显著影响驾驶愤怒强度选择结果；若标定后的参数值 $|t|$ $\leqslant 1.96$，需要进一步凭借相关经验知识检验该变量是否影响选择结果，进而决定其去留[125]。从表 3-3 可看出，各影响因素变量的参数值 $|t|$ 的最小值是 1.982 7，皆大于 1.96，表明上述 13 个影响因素变量对被试驾驶愤怒行为（强度）具有显著影响。

表 3-3   MNL 模型参数标定结果

影响因素	变量	参数值 λ_k	参数值 λ_k 标准差	检验值 t
性别	X_1	0.837 6	0.231 4	3.264 8
年龄	X_2	0.048 2	0.007 6	6.926 3
受教育水平	X_3	0.396 4	0.131 8	2.568 1
驾龄	X_4	-0.083 5	0.032 6	-3.016 2
气质	X_5	1.863 9	0.093 5	3.578 9
是否职业驾驶人	X_6	-0.464 3	0.092 7	1.982 7
是否曾经卷入交通事故	X_7	0.946 2	0.186 9	4.264 7
天气状况	X_8	0.672 8	0.235 2	3.877 2
交通设施条件	X_9	0.751 6	0.043 6	4.025 6
交通拥挤程度	X_{10}	0.692 6	0.128 3	6.167 3
红灯等待时长	X_{11}	0.546 9	0.266 2	4.843 6
任务时间压力	X_{12}	1.163 2	0.194 8	4.627 4
周边车辆违法驾驶情况	X_{13}	1.572 4	0.211 3	7.265 8

根据 MNL 模型相关理论，模型拟合度常用 McFadden 决定系数 ρ^2 来衡量，此系数值介于 0 与 1 之间；当其值越接近 1，表明模型的拟合度越高，模型的预测能力越强。有别于回归分析的决定系数 R^2，在实际运用中，当 ρ^2 值介于 0.2 与 0.4 之间时，即可表明模型的拟合度很好[123]。经计算，本书所构建的驾驶愤怒强度选择模型的 ρ^2 为 0.367 2，表明该模型的预测结果能较好地拟合真实结果，可用来预测驾驶人的愤怒强度。

3.2.6　模型预测精度分析

根据 3.2.2 与 3.2.3 节介绍的非集计理论、MNL 模型方法以及 3.2.5 节的模型变量参数的标定结果，可获得不同驾驶愤怒强度效用函数的相关变量及其对应参数，如表 3-4 所示。

表 3-4　各愤怒强度效用函数的相关变量及参数

影响因素	变量	A	B	C	D
性别	X_1		0.837 6	0.837 6	
年龄	X_2	0.048 2			0.048 2
受教育水平	X_3	0.396 4	0.396 4	0.396 4	
驾龄	X_4		-0.083 5	-0.083 5	-0.083 5
气质	X_5	1.863 9	1.863 9	1.863 9	1.863 9
是否职业驾驶人	X_6	-0.464 3	-0.464 3		
是否曾经卷入交通事故	X_7	0.946 2		0.946 2	0.946 2
天气状况	X_8			0.672 8	0.672 8
交通设施条件	X_9				0.751 6
交通拥挤程度	X_{10}		0.692 5	0.692 5	0.692 5
红灯等待时长	X_{11}				0.546 9
任务时间压力	X_{12}	1.163 2	1.163 2	1.163 2	1.163 2
周边车辆违法驾驶情况	X_{13}		1.572 4	1.572 4	1.572 4

根据表 3-4 所示的各愤怒强度效用函数的相关变量及参数可得 A,B, C 与 D 这四种驾驶愤怒强度对应的效用函数 V_1, V_2, V_3 与 V_4, 分别为

$$V_1 = 0.0482X_2 + 0.3964X_3 + 1.8639X_5 - 0.4643X_6 + 0.9462X_7 + 1.1632X_{12} \tag{3-16}$$

$$V_2 = 0.8376X_1 + 0.3964X_3 - 0.0835X_4 + 1.8639X_5 - 0.4643X_6 + 0.6925X_{10} \\ + 1.1632X_{12} + 1.5724X_{13} \tag{3-17}$$

$$V_3 = 0.8376X_1 + 0.3964X_3 - 0.0835X_4 + 1.8639X_5 + 0.9462X_7 + 0.6728X_8 \\ + 0.6925X_{10} + 1.1632X_{12} + 1.5724X_{13} \tag{3-18}$$

$$V_4 = 0.0482X_2 - 0.0835X_4 + 1.8639X_5 + 0.9462X_7 + 0.6728X_8 + 0.7516X_9$$
$$+ 0.6925X_{10} + 0.5469X_{11} + 1.1632X_{12} + 1.5724X_{13} \quad (3\text{-}19)$$

为了进一步验证本书构建的模型的有效性，需要对该模型进行精度分析。从问卷调查数据中任意选取某被试（如被试 9）作为测试对象，其相关个人属性和环境属性的数据分别为：$X_1 = 1$，$X_2 = 29$，$X_3 = 2$，$X_4 = 6$，$X_5 = 3$，$X_6 = 0$，$X_7 = 1$，$X_8 = 1$，$X_9 = 1$，$X_{10} = 2$，$X_{11} = 2$，$X_{12} = 1$，$X_{13} = 3$。根据公式（3-16）~（3-19）可分别求得四种驾驶愤怒强度的效用函数值；进一步依据公式（3-7）可求得各驾驶愤怒强度选择概率，结果如表 3-5 所示。

表 3-5　被试 9 的各驾驶愤怒强度的效用函数值和选择概率值

驾驶愤怒强度	A	B	C	D
效用函数值	5.618 73	6.773 62	7.325 48	9.652 74
选择概率值	1.51%	4.80%	8.33%	85.36%

由表 3-5 可看到，被试 9 选择愤怒强度 D 即高等愤怒强度的概率最大（85.36%）。通过其个人与环境因素属性值分析可知，该被试是短驾龄的青年男性、非职业驾驶人，属于胆汁质气质类型，且曾经发生过交通事故；在交通拥挤水平为拥堵的交通状态下，遇到周边车辆加塞抢道时，最终产生了高愤怒强度的驾驶行为；特别是该被试属于胆汁质气质类型，该类型的驾驶人往往具有很强的攻击性，并且还会因一些小事，开斗气车，甚至是互相排挤。

随机选取本次实验的 600 个驾驶愤怒样本，包括 228 个正常驾驶样本、162 个低等愤怒样本、129 个中等愤怒样本与 81 个高等愤怒样本，用来测试模型。将量表记录的驾驶愤怒强度与通过本书建立的 MNL 驾驶愤怒强度预测模型计算的结果进行对比分析，得出本书模型的真阳率、假阳率与准确率等精度指标，计算公式如下：

$$TPR = \frac{TP}{TP + FN} \quad (3\text{-}20)$$

$$FPR == \frac{FP}{TN + FP} \quad (3\text{-}21)$$

$$Acc = \frac{TP + TN}{TP + FN + TN + FP} \qquad (3-22)$$

式（3-20）~（3-22）中，*TPR*，*FPR* 与 *Acc* 分别表示为真阳率、假阳率与准确率；*TP*，*FP*，*TN* 与 *FN* 分别表示模型正确识别出的阳性样本数、模型错误识别出的阴性样本数、模型正确识别出的阴性样本数、模型错误识别出的阳性样本数。在本节，假定某一愤怒强度样本为阳性样本，那么其他愤怒强度样本则为阴性样本，计算结果如表 3-6 所示。

表 3-6　基于 MNL 的驾驶愤怒强度预测模型精度

	模型计算为正常驾驶	模型计算为低等愤怒强度驾驶	模型计算为中等愤怒强度驾驶	模型计算为高等愤怒强度驾驶	总数	真阳率/%	假阳率/%	准确率/%
正常驾驶	178	28	18	4	228	78.07	4.84	
低等愤怒强度驾驶	12	122	20	8	162	75.31	10.05	
中等愤怒强度驾驶	4	12	99	14	129	76.74	10.19	77.34
高等愤怒强度驾驶	2	4	10	65	81	80.25	5.01	

由表 3-6 可看出，高强度愤怒驾驶样本的识别率最高，达到 80.25%；其次为正常驾驶样本的识别率；识别率最低的为低强度愤怒驾驶样本，但仍在 75% 以上。误判率最低的为正常驾驶样本，仅为 4.84%；其次为高强度愤怒驾驶样本；误判率较高的是低等与中等强度的愤怒驾驶样本，均在 10% 左右。四种强度驾驶愤怒样本的总体准确率达 77.34%，表明根据本书建立的 MNL 模型预测的各种强度驾驶愤怒样本比例与实际自评报告的结果较为吻合，而且该模型对高强度驾驶愤怒样本的预测较为精确。因此，该模型具有较高程度的实际使用性，可用来预测驾驶人在实际交通环境中产生的驾驶愤怒强度等级。

3.3　诱发因素敏感度分析

为了分析个人属性因素和环境属性因素对驾驶人愤怒强度选择行为的影响程度，可在 MNL 模型的基础上进行敏感度分析。敏感度这一经济学概念是指当模型中的某影响因素发生变化时，该变化对最终结果的影响程度；在经济学领域中常用弹性值来衡量敏感度，它可反映某商品价格对需求量或供给量的敏感程度。本书可借鉴此经济学概念来分析驾驶愤怒行为（强度）选择问题。基于非集计理论，对第 m 个驾驶人，若第 k 个愤怒影响因素发生变化时，其选择第 j 种愤怒驾驶行为方式的概率变化的弹性值 E 为

$$E = \lambda_k X_{jmk} (1 - P_{jm}) \qquad （3-23）$$

在实际进行影响因素敏感度分析时，往往取弹性值的绝对值。当其值大于 1 时，可认为该变量对驾驶愤怒强度选择行为富有弹性，即驾驶人在愤怒强度选择过程中，该变量起决定性作用；当其值小于 1 时，可认为该变量对驾驶愤怒强度选择行为缺乏弹性[126]。因此，弹性值可反映影响因素对愤怒强度选择结果的影响程度。本书将驾驶人愤怒情绪的影响因素分为个人属性和环境属性，各属性敏感度计算与分析结果见下面两部分。

3.3.1 个人因素敏感度分析

基于实车试验调查问卷数据，先计算驾驶愤怒强度的个人属性对应的各影响因素变量均值。然后基于表 3-3 中各变量对应的参数值，通过公式（3-2），（3-7）求得各驾驶愤怒强度选择概率值；最后基于公式（3-23），求得各影响因素对驾驶愤怒强度选择概率的弹性值，如表 3-7 所示。从表 3-7 中可得到驾驶人的各种个人属性对驾驶愤怒强度的影响程度。

表 3-7　个人属性弹性值

驾驶愤怒强度	选择概率	性别			年龄			受教育程度		
		λ_1	$\overline{X_1}$	E_1	λ_2	$\overline{X_2}$	E_2	λ_3	$\overline{X_3}$	E_3
A	0.328	0.838	0.483	0.272	0.048	41.328	1.339	0.396	1.973	0.526
B	0.286	0.838	0.576	0.344	0.048	37.424	1.495	0.396	2.174	0.615
C	0.247	0.838	0.625	0.394	0.048	32.249	1.670	0.396	2.358	0.704
D	0.139	0.838	0.692	0.499	0.048	28.536	1.784	0.396	2.613	0.892

驾驶愤怒 强度	选择 概率	驾龄			气质			是否职业驾驶人		
		λ_4	$\overline{X_4}$	E_4	λ_5	$\overline{X_5}$	E_5	λ_6	$\overline{X_6}$	E_6
A	0.328	−0.084	11.762	−0.660	1.864	0.858	1.075	−0.464	0.576	−0.133
B	0.286	−0.084	9.663	−0.576	1.864	1.465	1.950	−0.464	0.514	−0.164
C	0.247	−0.084	6.475	−0.407	1.864	2.149	3.016	−0.464	0.457	−0.170
D	0.139	−0.084	3.516	−0.253	1.864	3.273	4.129	−0.464	0.436	−0.185

驾驶愤怒 强度	选择 概率	是否卷入过交通事故		
		λ_7	$\overline{X_7}$	E_7
A	0.328	0.946	0.279	0.241
B	0.286	0.946	0.316	0.213
C	0.247	0.946	0.347	0.247
D	0.139	0.946	0.415	0.338

1. 性别的影响

由表 3-7 可看出，正常驾驶行为对应的性别因素的平均值小于 0.5，而愤怒驾驶行为（低等强度（B）、中等强度（C）与高等强度（D））对应的性别因素的平均值均大于 0.5；这表明，正常驾驶行为中，女性驾驶人比例比男性驾驶人高，而在愤怒驾驶行为中，男性驾驶人比例比女性驾驶人高。而且随着驾驶愤怒强度的增大，男性驾驶人的比例也增大；这表明在行车过程中遇到愤怒刺激场景或事件时，男性驾驶人较女性驾驶人更容易产生愤怒情绪，且愤怒强度更高，因而更容易产生不良或危险性（攻击性）驾驶行为，使得交通冲突数更多，道路交通安全的危害更大。该结论与文献[127]的结论一致；但文献[29]表明，虽然男性驾驶人比女性驾驶人卷入更多的交通罚单和交通伤害事件，但其自我报告中有关愤怒驾驶的次数与女性驾驶人相比无显著差异，这说明除了愤怒情绪，还存在其他因素可导致交通冲突或交通事故的发生，这需要在未来的研究中进一步探索。此外，正常驾驶和愤怒驾驶行为所对应的性别属性的弹性值均小于 1，表明性别这一因素对愤怒驾驶行为的影响缺乏弹性，即性别不是影响愤怒驾驶行为的重要因素。但高等强度的愤怒驾驶行为对应的性别属性弹性值为 0.499，明显较正常、低等强度和中等强度的愤怒驾驶行为的弹性值高，说明性别的变化对高强度愤怒驾驶行为选择概率的影响程度大于前三种强度的愤怒驾驶行为选择概率。

2. 年龄的影响

由表 3-7 可看出，正常驾驶行为对应的年龄因素的平均值为 41.328 岁，而愤怒驾驶行为对应的年龄因素的平均值均未超过 37.5 岁，尤其是高等级愤怒驾驶行为对应的年龄因素的平均值为 28.536 岁；这表明，正常驾驶行为中，中年驾驶人的比例比青年驾驶人高，而在愤怒驾驶行为中，青年驾驶人的比例则比中年驾驶人高。而且随着驾驶愤怒强度的增大，青年驾驶人的比例也增大；这表明在行车过程中遇到愤怒刺激场景或事件时，青年驾驶人较中年驾驶人更容易产生愤怒情绪，且愤怒强度更高，因而更容易产生攻击性驾驶行为，增加了道路交通安全隐患。文献[27]也表达了相似的结论：在由愤怒情绪导致的攻击性驾驶行为统计中，年轻驾驶人的得分比年老驾驶人高；进一步，从表 3-7 还可看出，正常驾驶和愤怒驾驶行为所对应的年龄属性的弹性值均大于 1，表明年龄这一因素对愤怒驾驶行为的影响富有弹性，即年龄是影响愤怒驾驶的决定性因素。此外，四种愤怒驾驶行为对应的年龄属性弹性值随着愤怒强度的增大而增大，表明随着驾驶人年龄的减小，其对愤怒驾驶行为的影响越大。

3. 受教育程度的影响

受教育程度（学历）对一个人素质的培养起到了一定的激励作用，而这种素质也体现在遵守交通规则、文明驾驶与安全行车等方面。例如，文献[128]表明，高学历者在安全驾驶方面比低学历者拥有更好的心理学特征，如自我控制、责任感与稳定的精神状态等。从表 3-7 可看出，四种愤怒强度的驾驶行为对应的学历因素的平均值呈递增趋势，表明驾驶愤怒的程度与驾驶人学历有一定的关联性。结合上节的分析结果可看出，高强度愤怒驾驶行为中，年轻驾驶人的比例较高，而随着我国九年义务教育的普及与大学等高校的扩招，年轻驾驶人能够接受的教育程度也越来越高，因此，在分析受教育程度对驾驶人的愤怒情绪的控制时，需结合驾驶人的年龄进行综合考虑。从表 3-7 可进一步看出，四种强度的愤怒驾驶行为对应的受教育程度属性的弹性值均小于 1，说明受教育程度这一因素对愤怒驾驶行为的影响缺乏弹性。虽然该因素在一定程度上对驾驶人的愤怒情绪产生影响，但并非愤怒驾驶行为产生的主要影响因素。

4. 驾龄的影响

驾龄是进行交通事故统计分析的一项重要的统计指标，因为驾驶人的驾驶技术水平、驾驶经验、风险感知与处置能力、心理状态的稳定性均与其驾龄密切相关。特别是在交通环境（情景）变化或遇到突发事件时，不同驾龄的驾驶人的具体行为表现会不同。文献[129]通过对中国新驾驶人、驾龄短与驾龄长的驾驶人进行研究发现，随着驾龄的增大，驾驶人对周围交通场景的感知更加敏感，能够对周围交通场景中的突发事件进行快速反应，且较少受到个体因素如情绪的干扰。从表 3-7 可看出：随着驾驶愤怒强度的逐渐增大，对应的驾龄因素的平均值逐渐减小，表明驾龄短的驾驶人的比例越来越高，即遇到愤怒刺激场景或事件时，驾龄短的驾驶人更易产生愤怒情绪，且愤怒等级越高。从表 3-7 还可看出，高等级愤怒驾驶行为对应的驾龄因素的平均值为 3.516 年，而交通事故年报相关调查结果也表明，事故多发的驾龄阶段一般为 3 年。因为具备 3 年左右驾龄的驾驶人，其驾驶技术较为娴熟，自认为有足够的驾驶经验，使其交通安全重视度不够，且盲目自信，因此，在遇到刺激事件时，其心理受挫后易产生愤怒情绪，且报复心强，导致产生攻击性驾驶行为或危险性驾驶行为。而四种强度的愤怒驾驶行为对应的驾龄因素的绝对弹性值均小于 1，表明驾龄这一因素对愤怒驾驶行为的影响缺乏弹性，即驾龄并非驾驶愤怒的主导因素。

5. 气质的影响

气质，从某种程度上讲，也是人格的一种表现，其作为心理活动的动力特征，是一种较为稳定的心理活动，不随活动的动机、目的和内容而改变。基于心理学角度，人的气质可分为四类：抑郁质、黏液质、多血质与胆汁质。不同气质的人的外在表现不同，即对待相同的事情，其认知和反馈也不同，因此，不同气质类型的驾驶人在驾驶过程中所表现出来的情绪状态和驾驶特征也存在着很大的差异性。本书通过陈会昌设计的气质量表对被试的气质类型进行确定。从表 3-7 可看出，随着驾驶愤怒强度的逐渐增大，对应的气质因素的平均值逐渐增大，表明随着人格由抑郁质、黏液质、多血质到胆汁质的变化，驾驶人的驾驶愤怒强度越来越大。从表 3-7 可进一步得知，四种驾驶愤怒强度对应的气质因素的弹性值均大于 1，表明气质属性对愤怒驾驶行为的影响富有弹性，即气质能显著影响驾驶人的愤怒强度的选择，表明当气质发生变化时，驾驶愤怒强度变化的程度更加显著。四种愤怒驾驶行为对应的气质属性弹性值相差较大，尤其是高强度的愤怒驾驶对应的气质因素的弹性值是正常驾驶行为的 3 倍，表明当驾驶人是胆汁质气质类型，在遇到刺激事件时，其产生高愤怒强度的可能性是正常驾驶时的 3 倍。

6. 是否职业驾驶人的影响

职业驾驶人（如出租车、客车、货车驾驶人）驾驶的时间远比非职业驾驶人（如私家车驾驶人）长，所以其驾车技术更熟练，驾驶经验更丰富，能较好地应对复杂的交通环境或突发事件，也能更好地调节在驾驶过程中产生的负面情绪。因此，该因素能在一定程度上影响愤怒强度的选择。基于表 3-7，发现正常驾驶与低等愤怒驾驶行为对应的是否为职业驾驶人这一因素的平均值均大于 0.5，而中等与高等愤怒强度行为对应的是否为职业驾驶人这一因素的平均值均小于 0.5，说明驾驶过程中遇到刺激事件或交通场景时，职业驾驶人能更好地调节和控制自己的情绪，因此，其愤怒等级较低，而非职业驾驶人的愤怒等级则较高；且随着愤怒强度的增大，非职业驾驶人的比例也增大。从表 3-7 可进一步得知，四种驾驶愤怒强度对应的是否为职业驾驶人属性的弹性值均小于 1，表明是否职业驾驶人这一因素对驾驶愤怒强度选择行为的影响缺乏弹性，即是否职业驾驶人变化的百分比大于驾驶愤怒强度选择行为变化的百分比。换句话说，是否为职业驾驶人可对愤怒强度选择行为产生影响，但不起决定性作用。

7. 是否发生过交通事故的影响

依据事故倾向性理论，某些驾驶人由于其特有的生理、心理特征，而导致容易发生交通事故。而且相关研究[33]表明，有愤怒特质的驾驶人由于其感知决策能力受限，因此更倾向于产生驾驶失误、错误现象，从而导致交通事故发生。所以，发生过交通事故的驾驶人与未发生过交通事故的驾驶人在生理、心理特征方面可能不同，如发生过事故的驾驶人可能有更大的概率具有愤怒特质。即具有愤怒特质的驾驶人在遇到刺激事件时，更易产生愤怒情绪。换句话说，是否发生过交通事故对驾驶人愤怒情绪的产生有一定影响。由表 3-7 可知，关于此个人属性，四种驾驶愤怒强度下的是否发生过交通事故属性的平均值均小于 0.5，表明曾经卷入交通事故的被试的比例较小，但随着愤怒强度的增大，曾经发生过交通事故的驾驶人的比例也增大。从表 3-7 可进一步得知，四种驾驶愤怒强度对应的是否发生过交通事故属性的弹性值均小于 1，表明是否发生过交通事故这一因素对愤怒强度选择行为的影响缺乏弹性，即该因素对愤怒强度选择行为的影响不显著。此外，高等愤怒强度对应的弹性值明显较其他三种愤怒强度大，表明曾经发生过交通事故的驾驶人在遇到刺激事件时，其产生高愤怒强度的可能性明显比其他三种愤怒强度大。

3.3.2 环境因素敏感度分析

基于实车实验调查问卷数据，先计算驾驶愤怒强度的环境属性对应的各影响因素变量均值；然后基于表 3-3 中各变量对应的参数值，通过公式（3-2），（3-7）求得各种驾驶愤怒强度选择概率值；最后基于公式（3-23），求得各环境因素对驾驶愤怒强度选择概率的弹性值，如表 3-8 所示。从表 3-8 中可得到各种环境属性对驾驶愤怒强度的影响程度。

表 3-8　环境属性弹性值

驾驶愤怒强度	选择概率	天气			交通设施条件		
		λ_8	$\overline{X_8}$	E_8	λ_9	$\overline{X_9}$	E_9
A	0.328	0.673	0.425	0.192	0.752	0.728	0.368
B	0.286	0.673	0.679	0.326	0.752	0.926	0.497
C	0.247	0.673	0.862	0.437	0.752	1.184	0.670
D	0.139	0.673	1.184	0.686	0.752	1.526	0.988

驾驶愤怒强度	选择概率	交通拥挤水平			红灯等待时长		
		λ_{10}	$\overline{X_{10}}$	E_{10}	λ_{11}	$\overline{X_{11}}$	E_{11}
A	0.328	3.693	0.486	0.406	0.547	0.876	0.322
B	0.286	3.693	0.974	0.568	0.547	1.425	0.556
C	0.247	3.693	1.608	0.471	0.547	1.753	0.722
D	0.139	3.693	2.212	0.832	0.547	2.038	0.960

驾驶愤怒强度	选择概率	时间压力			其他交通参与者违法情况		
		λ_{12}	$\overline{X_{12}}$	E_{12}	λ_{13}	$\overline{X_{13}}$	E_{13}
A	0.328	1.463	1.148	0.357	1.572	1.246	1.317
B	0.286	1.163	1.865	0.617	1.572	1.658	1.861
C	0.247	1.163	2.149	0.750	1.572	1.725	3.226
D	0.139	1.163	2.473	0.986	1.572	2.653	4.946

1. 天气的影响

由表 3-8 可看出，正常驾驶对应的天气因素的平均值小于 0.5，低等级愤怒驾驶、中等级愤怒驾驶对应的天气因素的平均值均介于 0.5 与 1 之间，而高等级愤怒驾驶对应的天气因素的平均值略大于 1。这表明正常驾驶状态大多出现在晴天，中、低级愤怒驾驶状态大多出现在阴天与多云天气，而高等级愤怒驾驶状态则大多出现在雨天；即随着驾驶愤怒强度的增大，驾驶人在不利天气行车的比例也增大，表明驾驶人在行车过程中遇到愤怒刺激场景或事件时，在不利天气下更容易产生愤怒情绪，且愤怒强度更高，因而更容易产生不良或危险性（攻击性）驾驶行为。该结论可为驾照培训考试增加相关培训项目或交管部门对不利天气下的驾驶人出行进行提醒提供参考。此外，正常驾驶和愤怒驾驶行为所对应的天气属性的弹性值均小于 1，表明天气这一因素对愤怒驾驶行为的影响缺乏弹性，即天气因素不是影响愤怒驾驶的重要原因。但高等强度的愤怒驾驶行为对应的天气属性的弹性值为 0.686，明显较正常、低等强度与中等强度的愤怒驾驶行为的弹性值高，说明天气的变化对于高等强度的愤怒驾驶行为选择概率影响程度大于前三种强度的愤怒驾驶行为选择概率。

2. 交通设施条件的影响

交通设施是否合理、完善，如路面是否平整无损、交通标志是否清晰明了等都会在一定程度上对驾驶人的情绪产生影响；特别是设置不合理的交通设施（人行横道、电子警察）更容易使驾驶人产生负面情绪（愤怒、焦虑、压力等），从而增加驾驶人产生不良、危险甚至攻击性驾驶行为的概率。从表3-8可看出，交通设施条件因素的平均值呈增大趋势，即随着交通设施条件的变坏，其产生驾驶愤怒情绪的强度增加；这表明驾驶人在行车过程中遇到愤怒刺激场景或事件时，在差的交通设施条件下更容易产生愤怒情绪，且愤怒强度更高，因而更容易产生危险性（攻击性）驾驶行为。该结论可为交通设施规划设计部门提供一定的参考。此外，四种驾驶愤怒强度所对应的交通设施条件属性的弹性值均小于1，表明交通设施条件对愤怒驾驶行为的影响缺乏弹性，即该因素不是影响愤怒驾驶的决定性因素。但通过表3-8还可看出，高等强度的愤怒驾驶行为对应的交通设施条件属性的弹性值为0.988，是前三种低等强度愤怒驾驶行为对应弹性值的1.5～3倍，表明在较差的交通设施条件下，驾驶人产生高等强度愤怒情绪的概率是前三种低等强度愤怒情绪的1.5～3倍。

3. 交通拥挤水平的影响

当下城市生活工作节奏较快，一旦交通流密度较大，甚至发生交通拥堵时，驾驶人较易滋生烦躁、恼怒等负面情绪，因此，不同交通拥挤水平会对驾驶人的愤怒驾驶行为产生一定的影响。从表3-8可看出，在交通拥堵水平平均值为0.486，即交通状态介于畅通和轻度拥堵之间时，驾驶人主要处于正常驾驶状态；而在交通状态处于轻度拥堵时（拥堵平均值为0.974），驾驶人主要处于低等强度愤怒驾驶状态；在交通状态处于轻度拥堵和拥堵时（拥堵平均值为1.608），驾驶人主要处于中等强度愤怒驾驶状态；在交通状态处于拥堵和严重拥堵时（拥堵平均值为2.212），驾驶人主要处于高等强度愤怒驾驶状态。即随着拥堵程度的增加，驾驶人产生愤怒情绪的强度也越来越高，表明交通拥堵水平对驾驶人愤怒驾驶行为的影响较显著。该结论可作为道路交通管理者进行交通管控的参考。从表3-8可进一步得知，四种驾驶愤怒强度对应的交通拥堵水平属性的弹性值均小于 1，表明交通拥堵水平属性对愤怒驾驶行为的影响缺乏弹性，即交通拥挤不是愤怒驾驶的决定性影响因素。

4. 红灯等待时长的影响

除了交通拥堵，长时间等待红灯或频繁等待红灯也是当下处在快节奏城市生活中的驾驶人产生愤怒情绪的一个重要因素，而且为了避免等待红灯，某些驾驶人甚至会产生强行超车、加塞抢道等不良、危险性驾驶行为。因此，等待红灯会对驾驶人愤怒情绪的产生具有一定程度的影响。由表 3-8 可看出，正常驾驶、低等级愤怒驾驶、中等级愤怒驾驶与高等级愤怒驾驶对应的红灯等待时长属性的平均值分别处于区间(0.5, 1), (1, 1.5), (1.5, 2)与(2, 2.5)内，表明正常驾驶状态与低级愤怒驾驶状态大多出现在较短的红灯等待时间情况下；而中、高级愤怒驾驶状态大多出现在较长的红灯等待时间情况下，而且红灯等待时间呈增加趋势。这说明随着红灯等待时间的延长，驾驶人在行车过程中遇到愤怒刺激场景或事件时，产生的愤怒强度更高，因而更容易产生危险性驾驶行为。该结论可为交通信号灯相位周期的设计提供一定的参考。此外，四种愤怒驾驶行为所对应的红灯等待时长属性的弹性值均小于 1，表明该因素对愤怒驾驶行为的影响缺乏弹性，即红灯等待时长因素不是驾驶愤怒情绪产生的主要原因。但高等强度的愤怒驾驶行为对应的红灯等待时长属性的弹性值为0.960，明显较正常、低等强度与中等强度的愤怒驾驶行为对应的弹性值高，说明红灯等待时长的变化对于高等强度的愤怒驾驶行为选择概率的影响程度大于前三种强度的愤怒驾驶行为选择概率。

5. 时间压力的影响

根据相关文献[28, 130, 131]，在生活与工作压力下，驾驶人在开车过程中遇到刺激场景或事件时，极易被诱发出愤怒情绪，并产生危险性驾驶行为，即"路怒症"。因此，压力对驾驶人愤怒情绪的产生会有一定程度的影响。为了尽可能多地刺激驾驶人产生愤怒情绪，要求被试在规定的时间内（1 h 50 min）完成驾驶任务，且在实车实验过程中观察者会每隔 10 min 播报剩余时间以对驾驶人产生压力，因为将按任务完成时间直接对被试驾驶人进行奖惩。从表 3-8 可看出，驾驶任务时间压力因素的平均值随着驾驶愤怒强度等级而呈增大趋势，即随着驾驶愤怒强度的增大，驾驶人在较大的时间压力下行车的比例也增大。这表明驾驶人在行车过程中遇到愤怒刺激场景或事件时，在较大的时间压力下更容易产生愤怒情绪，且愤怒强度更高，因而更容易产生不良或危险性（攻击性）驾驶行为。该结论可为高级驾驶人机辅助系统（ADAS）的人机交互系统设计提供一定的思路，即当检测到驾驶人压力较大时，可放一些轻松柔和的音乐来减缓驾驶人的压力，或通过人机共驾系统由机器来接管车辆操作，以防驾驶人在高压力状态下产生"路怒症"，危害交通安全。此外，正常行驶和愤怒驾驶行为所对应的时间压力属性的弹性值均小于 1，表明时间压力因素对愤怒驾驶行为的影响缺乏弹性，即时间压力因素不是影响驾驶愤怒情绪产生的主要原因。但高等强度的愤怒驾驶行为对应的时间压力属性的弹性值为 0.986，是前三种低等强度愤怒驾驶行为对应弹性值的 1.3～2.8 倍，表明在较大的时间压力下，驾驶人产生高等强度愤怒情绪的概率是前三种低等强度愤怒情绪的 1.3～2.8 倍。

6. 其他交通参与者违法情况

根据文献[129]的研究结果，驾驶过程是人-车-路相互作用的一个过程，尤其是驾驶人与道路等外界环境的相互作用影响着驾驶人的驾驶行为。当驾驶人处于受挫、交通环境紧张情况下，其情绪调节能力会减弱，使得原本可以遵守交规且驾驶正常的驾驶人产生烦躁、气愤等消极情绪，这极易诱发驾驶人愤怒驾驶甚至攻击性驾驶行为的产生。而这些特殊的交通环境往往是由周边机动车、非机动车或行人的不良或违法行为造成的，因此，其他交通参与者对驾驶人愤怒情绪的产生有一定程度的影响。从表 3-8 可看出，其他交通参与者违法程度因素随着驾驶愤怒强度等级而呈增大趋势，即随着驾驶愤怒强度的增大，驾驶人受到其他交通参与者违法情况干扰的严重程度也增大，即随着其他交通参与者违法情况严重程度的增加，驾驶人产生的愤怒强度也越来越高，这表明该因素对驾驶人愤怒驾驶行为的影响较显著。该结论可为驾驶人培训部门、道路交通管理执法部门在提高驾驶人的文明驾驶、行人的文明出行等交通素质方面提供参考。从表 3-8 可进一步得知,四种驾驶愤怒强度对应的其他交通参与者违法情况属性的弹性值均大于 1,表明该环境因素对愤怒驾驶行为的影响富有弹性,即其他交通参与者违法情况能显著影响驾驶人愤怒强度的选择。四种愤怒驾驶行为对应的其他交通参与者违法情况属性的弹性值相差较大,尤其是高强度的愤怒驾驶行为对应的弹性值几乎是正常驾驶行为的 4 倍。这表明当驾驶人遇到行人/非机动车横穿马路或占道行驶等较高强度的愤怒刺激事件时,其产生的高等愤怒强度的可能性是正常驾驶时的 4 倍。

3.4　小结

（1）本章首先对被试自我报告中的愤怒等级和观察者评价的愤怒等级之间的一致性进行检验,并对它们之间的相关性进行统计分析;这表明,两者对被试愤怒情绪等级的评价具有稳定性和一致可信性。然后将被试自我报告的愤怒等级作为驾驶人的愤怒等级,同时邀请驾驶行为领域的专家在前方道路环境、驾驶人面部表情、驾驶人操作行为的视频内容回放的基础上对基于被试自我报告的愤怒等级做进一步的校正,以完成驾驶愤怒等级的初步标定。

（2）本章在实车实验调研的基础上,引入非集计理论和多项 Logit 模型预测方法,以典型中部城市（武汉）驾驶人为研究对象,对愤怒驾驶影响因素进行深入分析。应用驾驶愤怒情绪调查数据、驾驶场景和交通事件调查数据以及气质量表调查数据建立了基于 MNL 的驾驶愤怒强度预测模型。该模型可量化驾驶愤怒强度与个人、环境因素的相关性。统计学检验结果验证了该模型较为可靠。采用实验数据对该模型精度进一步检验,可得该 MNL 模型对四种强度的驾驶愤怒样本的识别准确率可达 77.34%,可较好地预测驾驶人在实际交通环境中产生的驾驶愤怒强度。

（3）通过引入经济学领域的弹性值理论分析了七种个人因素和六种驾驶环境因素对驾驶人愤怒强度选择行为的敏感度。分析结果表明,个人因素中的年龄、气质以及驾驶环境因素中的其他交通参与者违法情况这三种因素对驾驶人愤怒强度选择影响显著，起主导、决定性作用，而其他相关因素的影响则不够显著。该结论可为交通管理、驾驶培训部门制订相关策略提供一定的理论支撑作用，同时该结论还为后续章节建立考虑驾驶人个体属性与环境属性的愤怒情绪识别模型提供输入变量。

第 4 章

驾驶愤怒状态下生理特征分析及其强度标定

本章基于实车实验采集的生理信号数据研究不同愤怒强度下的生理特性变化规律，提取相应的时域或频域指标特征，采用接受者操作特征曲线（ROC）确定不同愤怒强度的最佳判别阈值，实现对驾驶愤怒强度的精确标定，以便为后续章节分析不同愤怒强度下的驾驶行为特征以及基于这些特征对驾驶愤怒状态进行识别提供研究基础。

4.1 情绪与生理

4.1.1 情绪变化的生理学原理

当人体产生某种情绪时，除了直接的内心体验和相应的外部行为表达外，还伴随着复杂的神经过程与生理变化。对于前者，主要表现在面部表情、语音表情（声调、响度等）与身体姿态（头部或肢体运动）等外在特征的变化上。然而这些外在的变化容易被人为掩饰或伪装，具有较强的主观性，导致无法获得其内在真实的情绪状态。而伴随情绪状态产生的生理反应，则主要由人体内的神经与内分泌系统支配，具有很强的自发性，很难受主观意念等人为因素控制[132]。因此，基于生理特征的变化能获得更加客观真实的情绪类别。

根据心理学相关研究成果可知，当人体产生愤怒情绪时，伴随的生理变化有：汗腺分泌增加、心跳加速、血压升高、呼吸变快且幅度增大、肾上腺素水平升高。因此，采用特定的生理信号传感器可检测到这些信号的变化。例如，愤怒情绪下人体的汗腺分泌增加，引起皮肤表面的汗液明显增多，导致皮肤导电性（skin conductance，SC）增强，所以，采用 SC 传感器可检测到这一生理信号的变化。类似地，可采用相应生理传感器采集被试的血流量脉冲（blood volume plus，BVP）、呼吸率（respiration rate，RR）和呼吸幅度（respiration amplitude，RA）等。而对于心率（heart rate，HR）信号，可由采集到的心电信号（electrocardiograph，ECG）转换而来。上述自主（外周）神经系统产生的生理信号虽然被广泛应用在情绪识别领域，但通常情况下这些自主生理信号的变化速度较慢，且信号采集频率有限，所以，在需要快速识别情绪的场景里如"路怒症"检测，基于这些自主生理信号的在线情绪检测系统在实时性和鲁棒性等方面存在明显的不足。

近年来，随着神经生理学和脑成像技术的发展，脑电（electro encephalo gram（EEG））信号作为中央神经系统产生的生理信号，由于具备较高的时间分辨率、较强的功能特异性等优势，在情绪识别领域逐渐得到了广泛应用。EEG 是人在某种环境下，通过大脑神经细胞的相应生理活动产生的点电位变化形成的，即由锥体神经元的细胞体与树突产生的兴奋和抑制的后突触电位相互平衡的结果，这些电位的变化可在大脑皮层与头皮表面表现出来[133]。从形成过程可看出，EEG 是一种随机性很强的生理信号，与人的精神活动和身体（肢体）活动密切相关，而且不同的心理状态、情绪都会对脑电波产生影响[134]。EEG 信号由于包含了重要的大脑细胞活动信息，逐渐被应用在脑部疾病、睡眠分析与精神反应等脑科学领域。通过精密电子仪器如特定的电极，可从头皮上采集大脑皮层脑细胞群的自发性、节律性等电活动产生的特殊电位，这些电位经过放大后就是我们平常所说的脑电图。后续章节将对驾驶愤怒情绪下的 EEG 信号变化规律进行研究。

4.1.2　生理指标特征提取方法

1. 特征生成

常用的生理指标分析方法有时域、频域分析法。其中，时域分析法是基于 R-R 间期为统计基础的，一般采用平均值、标准差、方差、变异系数等指标进行表达，常用的分析方法主要有统计法和图解法。而频域分析方法是采用傅里叶变换将以时间作为横坐标的时域信号转换为以频率作为横坐标的频域信号，进而求得原时域信号里各种频率成分的幅值与相位。虽然这两种分析方法的操作过程不一样，但分析结果却是高度相关。本节基于生理数据的采集特性，采用时域分析法对各项生理指标信号展开分析。

本研究中拟用于表征驾驶情绪的生理指标主要有：血容量脉冲（BVP）、呼吸率（RR）和皮肤电传导（SC）、心电（ECG）与脑电（EEG）等。以下是部分生理指标的时域分析方法：

$$\overline{SC} = \frac{1}{N}\sum_{i=1}^{N}SC_i, \quad SD_{SC} = \sqrt{\frac{1}{N}\sum_{i=1}^{N}(SC_i - \overline{SC})} \qquad (4\text{-}1)$$

$$\overline{RR} = \frac{1}{N}\sum_{i=1}^{N}RR_i, \quad SD_{RR} = \sqrt{\frac{1}{N}\sum_{i=1}^{N}(RR_i - \overline{RR})} \qquad (4\text{-}2)$$

$$\overline{BVP} = \frac{1}{N}\sum_{i=1}^{N}BVP_i, \quad SD_{BVP} = \sqrt{\frac{1}{N}\sum_{i=1}^{N}(BVP_i - \overline{BVP})} \qquad (4\text{-}3)$$

在式（4-1）~（4-3）中，$\overline{SC}$，$\overline{RR}$，$\overline{BVP}$ 分别为统计时间内 SC, RR 和 BVP 的平均值；SD_{SC}，SD_{RR}，SD_{BVP} 分别为统计时间内 SC, RR 和 BVP 的标准差；N 为统计时间内这些生理指标的采样数量。

2. 特征提取

单因素方差分析（one-way ANOVA）是用来检测一个控制变量的不同水平是否对观测变量产生显著影响，可用来进行特征提取。一般地，单因素方差分析的典型问题是：设某个因素 A 有 k 个不同水平 $A_1, A_2, \cdots, A_k$，每个水平下重复进行 n_i 次试验，得到 $n_i(i=1,2,\cdots,k)$ 个试验指标，如表 4-1 所示。总样本量为 $N = sum(n_i)$，那么因素 A 水平的变化对试验指标 y 是否有显著性影响？

表 4-1　单因素方差分析样本示意表

水平试验号	A_1	A_2	$\cdots$	A_k
1	y_{11}	y_{21}	$\cdots$	y_{k1}
2	y_{12}	y_{22}	$\cdots$	y_{k2}
$\vdots$	$\vdots$	$\vdots$		$\vdots$
n_i	y_{1,n_1}	y_{2,n_2}	$\cdots$	y_{k,n_k}

目前，广泛采用的检验方法是 F 检验，即求得各因素的 F 统计量。设变异平方的总和为 SST，SST 由组间离差平方和（SSA）与组内离差平方和（SSE）组成。其中，SSA 为控制变量产生的离差；SSE 为随机变量产生的离差，即

$$SST = SSA + SSE \tag{4-4}$$

式（4-4）中

$$SSA = \sum_{i=1}^{k} n_i (\overline{x}_i - \overline{x})^2 \tag{4-5}$$

$$SSE = \sum_{i=1}^{k} \sum_{j=1}^{n_i} (x_{ij} - \overline{x}_i)^2 \tag{4-6}$$

式（4-5）~（4-6）中，n_i 表示观测变量在第 i 水平的样本数；$\overline{x}_i$ 表示观测变量在第 i 水平的样本均值；$\overline{x}$ 为观测变量在全体水平下的均值；x_{ij} 为控制变量在第 i 个水平下的第 j 个样本值；k 为水平数。统计量 F 通过公式（4-7）计算：

$$F = \frac{SSA / (k-1)}{SSE / (n-k)} \tag{4-7}$$

从公式（4-7）可看出，若因素 A 的不同水平能显著影响到观测变量，那么 SSA 就越大，导致 F 值也越大；反之，若因素 A 的不同水平未能显著影响到观测变量，那么 SSE 就越大，F 值也越小。基于 F 值计算概率 p：

$$p = Sig. = P(F > F值)$$

若 $p < \alpha$，则拒绝原假设，认为因素 A 对试验指标有显著性影响。本书假设当 $p < 0.05$ 时，即有显著影响。

4.2 常规生理特征

4.2.1 常规生理指标类型

1. 血容量脉冲（Blood Volume Pulse，BVP）

BVP 是反映心脏收缩和舒张的一项生理指标。当心脏处在舒张状态时，人体体表毛细血管处于收缩状态，致使毛细血管的透光率降低；而当心脏收缩时，人体体表毛细血管由于心脏收缩的泵血而充盈起来，这

时其透光率升高。这种人体体表组织透光率的变化可反映末梢血管血液容量的变化，即体表毛细血管中血液充盈的变化。因此，BVP可适用于与人体体表毛细血管舒缩相关的反馈环节上，如情绪变化导致的毛细血管舒缩幅度的变化。同时，该指标通过一定的转换还可衡量心率和心搏力量的大小，且BVP曲线中的重搏波，还可反映出主动脉弓部位弹性的变化情况。

2. 呼吸率（Respiratory Rate，RR）

性别不同，呼吸反映表现的部位可能也不同。通常情况下，男性主要反映在腹呼上，而女性主要反映在胸呼上。在正常状态，即没有受到外界刺激的情况下，人的呼吸频率与幅度一般是均匀的，而在受到某种刺激引起紧张、焦虑、愤怒等情绪时，个体的呼吸节奏（频率和幅度）将会出现相应的变化。例如，在本书的交通场景中，当驾驶人在交通流量较小的道路上正常驾驶时，其呼吸节奏较为平稳；而当驾驶人遇到对向来车或被超车时，他将小幅度地抑制呼吸，使得呼吸频率和幅度均略有减小；而当其准备超车时，其呼吸频率将有增大的趋势。特别是当驾驶人在行车过程中遇到突发事件或刺激事件引起情绪（愤怒、紧张或恐惧）变化时，其呼吸节奏将会变得异常和紊乱。为了统一，本书将仅选择呼吸频率这一呼吸指标进行后续的特征提取。

3. 皮肤电导率（Skin Conductance，SC）

SC与皮肤表面的汗液量有关，即与皮肤汗腺的分泌活动有关。个体的交感神经兴奋度决定着皮肤汗腺的活动，而个体的心理状态又决定着其交感神经兴奋度，因此，SC与个体的心理状态相关。例如，在本书实车实验的交通场景中，当驾驶人行驶在通畅的道路上时，其SC信号维持在小幅度的波动范围内；而当驾驶人遇到周边自行车突然横穿马路或道路严重拥堵时，驾驶人会产生愤怒、紧张情绪，这种情绪将会使皮肤出汗量增多，导致SC变大；当驾驶人的情绪缓和后，SC就又变小了。值得注意的是，SC跟驾驶人的年龄有一定的关系，因为年轻驾驶人由于其体内新陈代谢比年老驾驶人旺盛，其皮肤光滑度、湿度均比年老驾驶人高，因此，其SC水平会在一定程度上比年老驾驶人高。另外，在实际驾驶过程中，该指标还会受到其他因素影响，如天气冷暖、食物、喝水等因素均会影响驾驶人汗腺的分泌活动，不利于对 SC 信号特征的准确提取。

4.2.2　常规生理特征直观分析

为了验证常规生理特征如 BVP, SC, RR 的变化规律，本节对实车实验过程采集的 30 名被试的生理信号进行统计分析。按照第 3.2.4 节的定义，将驾驶愤怒强度按照被试自我报告中的等级划分为四个类别：正常驾驶（愤怒等级为 0）、低等愤怒驾驶（愤怒等级为 1 或 2）、中等愤怒驾驶（愤怒等级为 3 或 4）与高等愤怒驾驶（愤怒等级为 5 及以上）。那么这四种强度的驾驶愤怒样本数分别为 704，420，310 与 156；后续章节均以此样本展开统计分析。实验过程中，各项指标采集频率为 256 Hz；为了便于数据分析，本书将采样频率降为 8 Hz。选取 5 号被试一段 530 s（8.84 min）的实验数据对其各项生理指标的变化特性进行分析。在此时间段内，该被试经历了四种愤怒强度的变化（见图 4-1）。其中，深色竖线表示驾驶人自我报告中某愤怒等级的时刻，考虑到情绪的多变性，将该时刻前后 10 s 共计 20 s 内的生理信号数据作为统计分析的对象。

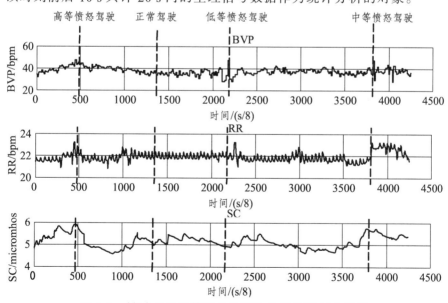

图 4-1　被试 5 四种愤怒强度下的生理信号变化特性

从图 4-1 可看出，血流量脉冲（BVP）均值随着愤怒强度的增大而增大。在正常驾驶状态下即无愤怒状态下，BVP 信号较为平稳，且其均值也较小；而低愤怒强度下的 BVP 信号在愤怒情绪出现前后波动较大；中等愤怒强度下的 BVP 信号均值较低等愤怒强度下大；高等愤怒强度下，BVP 均值明显较前三种愤怒强度状态下大，且信号维持在高幅值状态的时间也明显较前三种愤怒强度状态下长。

对于呼吸率（RR），在统计时间段内的绝大部分时间窗内都较为平稳，波动较小，而且低等愤怒强度与无愤怒强度下的 RR 均值差别较小；然而在中等愤怒强度刺激（3 800/8 s 附近）之前，明显有一段小幅度的抑制呼吸节奏，通过回放该时刻的视频，发现此时正有四辆对向自行车占道行驶，且朝着被试快速驶来，被试可能害怕与其刮擦或相撞而小幅度地屏住呼吸。因此，RR 不适合准确描述快速变化的愤怒情绪。

对于皮肤电导率（SC），当被试产生愤怒情绪时，其均值都有一定程度的增大；但是该指标的变化不稳定，且有一定的延迟性。例如，当在 2 200/8 s 左右受到低强度愤怒刺激时，SC 信号在 2 450/8 s 左右开始有波动。根据 SC 信号的产生原理可知，当 SC 与皮肤表面的汗液量有关即与皮肤汗腺的分泌活动有关时，这个汗腺的分泌过程相对较为缓慢，这对于快速实时识别情绪有一定的不足。因此，SC 不适合准确描述快速变化的愤怒情绪。

4.2.3 常规生理特征统计分析

为了更准确地获得不同愤怒强度下的生理特性（BVP, RR, SC）的变化规律，对 30 名被试在各种愤怒强度下的生理指标进行时域统计分析，获得其平均值与标准差，如表 4-2 所示。从表 4-2 可看出，BVP，RR 与 SC 值均随着愤怒强度的增大而增大。为了进一步检验不同愤怒强度下的各项生理指标是否具有显著性差异，分别针对 BVP，RR 与 SC 进行方差分析，即对各项愤怒强度下的生理指标进行 Post-hoc-tests 检验，结果如表 4-3 ~ 4-6 所示。从表 4-3 ~ 4-6 可看出，仅 BVP 随着愤怒强度的增大，其平均值显著（$P = 0.000 < 0.05$）增大，即对不同愤怒强度下的 BVP 均值进行两两比较，发现都存在显著性差异，即无愤怒-低等愤怒、低等愤怒

-中等愤怒、中等愤怒-高等愤怒等两两之间均存在显著性差异。而对于 RR 与 SC，虽然这两项生理指标的均值也随着愤怒强度的增大而增大，但任意两种愤怒强度下的生理指标并不是都有显著性差异。因此，BVP 可作为区别四种愤怒强度的有效生理特征。

表 4-2　不同愤怒强度下的生理指标特征的描述性统计

生理指标	愤怒强度			
	无	低	中	高
SC（micromhos）	6.85（2.63）	9.15（3.74）	11.84（4.67）	14.97（5.82）
RR（beats/min）	16.92（4.35）	19.38（4.86）	21.41（5.27）	23.64（5.52）
BVP（beats/min）	36.47（4.554）	37.96（5.146）	39.25（5.457）	41.36（5.918）

表 4-3　四种愤怒强度下的生理特性方差检验结果

指标		平方和	df	均方	F	显著性
SC	组内	11 240.800	3	3 746.933	260.937	0.071
	组间	22 774.250	1 586	14.360		
	总数	34 015.050	1 589			
RR	组内	8 247.630	3	2 749.210	119.146	0.182
	组间	36 595.803	1 586	23.074		
	总数	44 843.433	1 589			
BVP	组内	805.119	3	268.373	10.646	0.014
	组间	39 980.234	1 586	25.208		
	总数	40 785.353	1 589			

表 4-4　四种愤怒强度下的 SC 多重比较结果

（I）愤怒强度	（J）愤怒强度	均值差（I-J）	Std.Error	Sig.	95%置信区间	
					下限	上限
非愤怒	低等	-2.3	0.318 2	0.124	-4.32	-1.51
	中等	-4.99	0.358 5	0.045	-6.87	-4.03
	高等	-8.12	0.378 3	0.000	-10.29	-6.34
低等	中等	-2.69	0.319	0.237	-4.15	-1.82
	高等	-5.82	0.355 5	0.000	-7.93	-3.98
中等	高等	3.13	0.384	0.068	-4.86	-2.07

表 4-5　四种愤怒强度下的 RR 多重比较结果

（I）愤怒强度 （J）愤怒强度		均值差 （I-J）	Std.Error	Sig.	95%置信区间	
					下限	上限
非愤怒	低等	−2.46	0.372 3	0.126	−4.89	−1.13
	中等	−4.49	0.407 1	0.043	−7.02	−3.94
	高等	−6.72	0.421 2	0.000	−9.43	−4.25
低等	中等	−2.03	0.356 3	0.215	−4.52	−1.12
	高等	−4.26	0.387 2	0.031	−7.14	−3.05
中等	高等	−2.23	0.410 1	0.069	−4.08	−1.26

表 4-6　四种愤怒强度下的 BVP 多重比较结果

（I）愤怒强度 （J）愤怒强度		均值差 （I-J）	Std.Error	Sig.	95%置信区间	
					下限	上限
非愤怒	低等	−1.49	0.451 2	0.000	−1.18	−0.21
	中等	−2.78	0.474 8	0.000	−2.16	−0.45
	高等	−4.89	0.477 9	0.000	−3.07	−1.24
低等	中等	−1.29	0.401 9	0.000	−1.56	−0.16
	高等	−3.4	0.421 7	0.000	−2.33	−0.48
中等	高等	−2.11	0.433 5	0.000	−1.69	−0.16

4.3　心电特征

4.3.1　心电指标时频特性

基于人体生理学知识，心脏作为人体循环系统的动力源，是一种由多种振子耦合而成的复杂振荡系统。其中，窦房结的电振荡发挥主要作用，因此，正常情况下健康人的心律是窦性心律。心脏搏动导致体表电位变化，进而形成心电（eloetrocardiogram，ECG）信号，如图 4-2 所示。在 ECG 信号中，变化最显著的是 QRS 波群，其中，R 波由于具备幅度大、宽度窄且变化陡峭等特点，逐渐成为 ECG 信号分析对象。本节的 ECG 信号分析均以 R 波为基础。

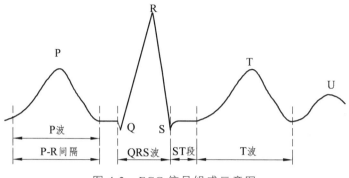

图 4-2　ECG 信号组成示意图

目前，应用较为广泛的心电指标主要有心率（heart rate，HR）和心率变异性（heart rate variability，HRV）。其中，HR 的变化是交感神经与副交感神经共同作用的结果。HR 会受到多种因素的影响，例如，年龄、作业强度、紧张程度或情绪波动等因素都会对心率造成一定程度的影响。然而，也有许多相关研究表明，在复杂情况下对离散的心率波动性做出准确判断较为困难，而 HRV 在准确描述心率波动性方面具有一定的优势。HRV 表示的是心跳节律的变异，表征连续窦性心跳间期（瞬时心率）的微小涨落。目前，广泛运用的 HRV 指标有时域与频域特征。其中，时域特征如均值、标准差等参数会丢失 HRV 信号中蕴涵的时间顺序，在反映心率变化的涨落机制方面具有明显的不足。而频域特征如低频段或高频段功率，在分析过程中均是将 HRV 信号视为平稳的随机信号，但在生理学和医学领域，HRV 信号已逐渐被确定为一种混沌的、非线性的非平稳信号，因此，频域指标也不能完全反映 HRV 的变化过程[135]。此外，HRV还会受到呼吸等生理节律以及心室早收缩等干扰因素的影响。因此，从基于混沌或分形理论的非线性动力学角度来研究 ECG 信号的非线性特征逐渐成为研究热点，如样本熵等。

4.3.2　样本熵计算原理

ECG 信号作为自主神经系统活动的外在表现，在不同的心理状况下呈现不同的表现特征。正常情绪下，心脏搏动较为规律，心电波复杂性较低；而当遇到突发、刺激事件造成紧张或情绪波动等状况下，心脏搏动（心率波动）的随机性较大，心电波的复杂性会增大。而样本熵是一种度量时间序列复杂性的非线性动力学参数，通常采用一个非负数表示，它能反映时间序列中新信息的产生率。时间序列越复杂，样本熵值越大。目前，在医学等相关研究中，心电、脑电信号的样本熵分析方法已经取得了很好的效果。因此，为了准确描述 ECG 信号在不同驾驶愤怒状态下的变化规律，本书运用样本熵方法来提取 ECG 信号特征。

样本熵是一种评价时间序列规则度或复杂度的算法，由 Richman 等人对近似熵改进而得。它对脑电、心电、肌电等非线性动力学时间序列具有很好的适用性。样本熵具有较好的抗干扰与抗噪能力，运算时间较短，且较短的数据可达到有效分析的目的[136]。样本熵可用 $SampEn(m,r,N)$ 表示，其算法定义描述如下：

首先，设有 N 个数据组成的连续时间序列 $\{w(j):1 \leqslant j \leqslant N\}$，用此时间序列 $w(j)$ 构造 $N-m+1$ 个 m 维向量 $\{X_m(i):1 \leqslant i \leqslant N-m+1\}$，其中 m 为每个向量的维数，即

$$X_m(i) = \{w(i+k):0 \leqslant k \leqslant m-1\} \qquad (4\text{-}8)$$

同理，构造 $(N-m)$ 个 $(m+1)$ 维向量 $\{X_{m+1}(i):1 \leqslant i \leqslant N-m\}$，即

$$X_{m+1}(i) = \{u(i+k):0 \leqslant k \leqslant m\} \qquad (4\text{-}9)$$

定义任意两个向量之间的距离为

$$d[X(i),X(j)] = \max\{|w(i+k)-w(j+k)|:0 \leqslant k \leqslant m-1\} \qquad (4\text{-}10)$$

设 B_i 在相似性容限 r 下，满足 $d[X_m(i),X_m(j)] < r$ 的数目，$1 \leqslant i \leqslant N-m$，$1 \leqslant j \leqslant N-m$，有

$$B_i^m(r) = \frac{B_i - 1}{N-m} \qquad (4\text{-}11)$$

其中 $B_i^m(r)$ 表示在相似性容限 r 的限制下，$N-m$ 个 $X_m(j)$ 与一个 $X_m(i)$ 相似的概率。

其次，将维数加 1，变成 $m+1$，重复上述公式（4-8）至公式（4-11）的过程，得到 $B_i^{m+1}(r)$。

最后，对所有的 $B_i^m(r)$ 取平均值，记作 $B^m(r)$，为

$$B^m(r) = (N-m)^{-1} * \sum_{i=1}^{N-m} B_i^m(r) \qquad (4-12)$$

那么

$$B^{m+1}(r) = (N-m)^{-1} * \sum_{i=1}^{N-m} B_i^{m+1}(r) \qquad (4-13)$$

因此，对于有限样本量为 N 点的时间序列，样本熵计算公式为

$$SampEn(m,r,N) = -\ln\left[\frac{B^{m+1}(r)}{B^m(r)}\right] \qquad (4-14)$$

根据上述样本熵的计算原理描述，其计算流程如图 4-3 所示。

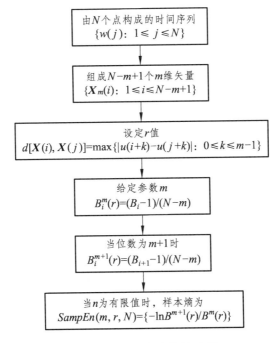

图 4-3　样本熵计算流程图

样本熵 $SampEn(m,r,N)$ 的值与参数 m, r 和 N 的选取有关，不同的嵌入维数 m 和相似容限 r，对应的样本熵也不同，它们是样本熵计算过程中的两个重要参数。一般情况下，当 $m=1$ 或 2 时，$r=0.1\sim0.25SD_x$（待求样本熵数据序列的标准差），计算得到的样本熵具有较为合理的统计特性[137]。

本书试验了 30 组 m 和 r 值，以不同愤怒强度下的心电样本熵值的显著性差异作为评价指标，得到了最优的组合值为 $m = 2$，$r = 0.2$。

4.3.3　心电样本熵特征

根据驾驶人情绪自我报告，分别计算并分析 30 名被试在正常驾驶（无愤怒）、低等愤怒驾驶、中等愤怒驾驶与高等愤怒驾驶状态下的 ECG 信号样本熵，结果如图 4-4 所示。从图 4-4 可看到，整体上，ECG 信号样本熵值随着驾驶愤怒强度的增大而增大，且愤怒强度越大，样本熵值的波动性也越大。进一步对该 30 名被试的 ECG 信号样本熵值进行统计分析，结果如图 4-5 所示。从图 4-5 可看出，被试在四种愤怒强度下的 ECG 信号样本熵的均值分别为 0.254 6，0.412 8，0.593 5 与 0.713 9。进一步对这四种愤怒强度下的 ECG 信号样本熵进行方差分析，发现两两存在显著性差异，如表 4-7 所示。因此，ECG 信号样本熵值随着驾驶愤怒强度的增大而显著增大（$P = 0.000 < 0.05$），故该指标是有效区分四种驾驶愤怒强度的生理特征。

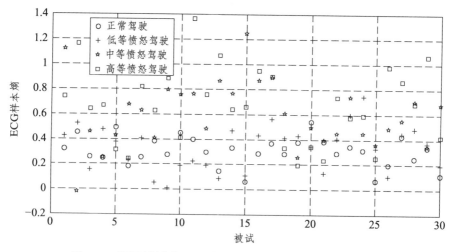

图 4-4　不同被试在四种愤怒强度下的 ECG 信号样本熵

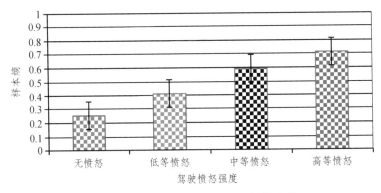

图 4-5　四种愤怒强度下的平均样本熵

表 4-7　四种愤怒强度下的 ECG 信号样本熵多重比较结果

（I）愤怒强度	（J）愤怒强度	均值差（I-J）	Std. Error	Sig.	95%置信区间 下限	95%置信区间 上限
非愤怒	低等	−0.158 2	0.081 3	0.000	−0.283 7	−0.072 9
	中等	−0.338 9	0.164 9	0.000	−0.582 6	−0.126 8
	高等	−0.459 3	0.276 2	0.000	−0.701 4	−0.213 6
低等	中等	−0.180 7	0.097 5	0.000	−0.372 5	−0.046 2
	高等	−0.301 1	0.128 4	0.000	−0.531 4	−0.183 6
中等	高等	−0.120 4	0.069 2	0.000	−0.335 7	−0.036 4

4.4　脑电特征

脑电（electroencephalogram，EEG）信号作为中央神经系统产生的生理信号，由于具备较高的时间分辨率、较强的功能特异性等优势，而且与人的精神活动和身体（肢体）活动密切相关，在情绪识别领域逐渐得到了广泛应用。本书将研究不同驾驶愤怒强度下的 EEG 信号特征。

目前，EEG 信号分析方法主要有时域和频域分析方法。其中，时域分析方法主要是对一些描述性统计指标如均值、标准差、方差与均方差等进行分析，而频域分析方法则是对原 EEG 信号中各频率对应的幅值、相位与功率谱、功率谱密度等特征进行分析。但这两种方法都有自身的局限性。例如，时域特征参数会丢失 EEG 信号中蕴涵的时间顺序，在反映脑电波的变化（涨落）机制方面具有明显的不足。而对于频域特征，其提取过程主要围绕傅里叶变换展开，但该变换是将 EEG 信号视为平稳的随机信号，但在生理学领域，EEG 信号已被确定为非线性与非平稳信号，因此，频域指标也不能完全反映 EEG 的变化规律。而小波变换可为低频信号提供较高的频率分辨率，为高频信号提供较高的时间分辨率，可对随机信号进行多分辨率的时间尺度表示，因此，小波变换可用来处理非平稳信号如 EEG 信号[138]。目前，基于小波变换的 EEG 信号分析方法已经在癫痫病[139]、睡眠障碍[140]等疾病检测领域以及驾驶疲劳识别[141]等交通领域有所应用。

4.4.1　基于小波变换的 EEG 信号伪迹去除

由于本书的实车实验是在实际交通环境中开展的，因此，原始的脑电信号 EEG 含有各种噪音信号，包括高频与低频噪音信号。其中，高频噪音信号主要有工频干扰信号（50 Hz）和大气热力噪音信号；低频噪音信号主要来源于眼部运动（EOG）、肌肉运动（EMG）、呼吸（RR）和心跳（ECG）等。这些噪音信号的频率一般为 0～16 Hz，且电压为毫伏级，而正常 EEG 信号电压则为微伏级。考虑到 EEG 信号是一种复杂的非稳态信号，本书将按如下步骤去除噪音信号：

（1）因为正常 EEG 信号频率位于 0.5～30 Hz 范围内，因此，首先采用低通滤波器对原始 EEG 信号进行滤波，以消除此频率范围之外的噪音信号。

（2）去除一些顽固的噪音信号如 EOG。这类噪音信号的频率仍处在正常 EEG 信号频率范围内，可采用基于小波变换的阈值判断方法去除。

小波理论是对傅里叶分析方法的重大突破，已成为数字信号与图像处理等领域的研究基础。小波变换于 1980 年首次被法国科学家 Morlet 进行地震信号分析时提出，该变换对主要信息集中在低频域的信号尤为适宜[142]。小波分析（wavelet analysis）或小波变换（wavelet transform）是用有限长度或快速衰减的振荡波形（称为母小波（motherwavelet））来表示拟分析信号，对该母小波波形进行缩放和平移可用来匹配拟分析信号。小波变换通常包括两大类，即连续小波变换（CWT）和离散小波变换（DWT），其中 CWT 可在所有可能的缩放或平移值上进行操作，而 DWT 则只能在所有缩放或平移值的特定子集上进行操作。

任何有限能量的时域信号都可通过母小波（$\psi(t)$）的缩放因子和平移因子以及相应的缩放函数进行分解，缩放因子和平移因子表达如下：

$$\psi_{j,k}(t) = 2^{j/2}\psi(2^j t - k), \; j,k \in \mathbf{Z} \tag{4-15}$$

信号 $S(t)$ 可通过某尺度 j 的母小波来表示：

$$S(t) = \sum_k s_j(k)\phi_{j,k}(t) + \sum_k d_j(k)\psi_{j,k}(t) \tag{4-16}$$

其中 $s_j(k)$ 和 $d_j(k)$ 分别是尺度 j 的近似和细节系数，可通过 filter bank 方法求得[143]。

原始信号 $S(t)$ 首先通过高通和低通滤波器进行滤波，低频成分近似代表原始信号，而高频成分则代表了原始信号和近似信号的残差。在后续的尺度上，对近似信号进一步分解，在每一次过滤步骤之后，输出的时间序列按照上述步骤一半的频率降低采样，然后作为下一尺度的输入信号。

通过小波分解提取的信号特征主要取决于所选择母小波的类型，母小波的类型与拟求信号的类型越近似，信号特征的提取效果越好。根据文献[93]知，Daubechies 族小波比较适合对时域信号进行分解。通常情况下，Daubechies 系的小波基可记为 db$N$，N 为序号（$N = 1, 2, 3, \cdots, 10$）；N 值越小，可检测的 EEG 信号尺度就越小，因此，要选择合适的尺度对拟分析的 EEG 信号进行检测。本书经过反复测试，认为采用 db5 对拟分析的 EEG 信号进行分解较为适合。

原始信号和小波基之间的相关性通过小波系数反映。若原始信号在某一时刻混入伪迹，那么此时的小波系数的幅度就会变大，基于小波阈值的伪迹消除方法可表达如下：

$$T_j = mean(C_j) + 2 \times SD(C_j) \tag{4-17}$$

式中 T_j 为小波阈值，C_j 为分解信号的第 j 尺度的小波系数，$mean(\cdot)$ 和 $SD(\cdot)$ 分别表示平均值和标准差。根据式（4-17），当某时刻的小波系数超过 T_j，即可认为原始信号此刻混入了伪迹，那么可将此段信号去除。

4.4.2　相对小波功率计算原理

由于 EEG 信号通常在频域内可划分为四种波，即 δ, θ, α 和 β 波，因此，本书采用小波分解将 EEG 信号也分解为四个层次，即尺度 1, 2, 3 与 4，分别代表 β 波（14 ~ 35 Hz）、α 波（8 ~ 14 Hz）、θ 波（4 ~ 8 Hz）与 δ 波（0.5 ~ 4 Hz）。对于 EEG 信号，分解后的第 j 尺度的小波功率可表达如下：

$$E_j = \sum_{k=1}^{L} [C_j(k)]^2 \qquad (4\text{-}18)$$

式中 $C_j(k)$ 是第 j 尺度的小波系数，L 是该尺度所有小波系数的数量和。考虑到不同被试的个体差异性，本书采用相对小波功率来表示不同频率下的 EEG 信号特征。

$$p_j = \frac{E_j}{\sum\limits_{j=1}^{4} E_j} \times 100\% \qquad (4\text{-}19)$$

4.4.3　EEG 相对小波功率特征

通过对被试的调查访问以及视频观察发现，当被试受到突发事件刺激时，被试被激发的情绪强度一般可维持 3 ~ 6 s，而当没有新的事件刺激时，被试的情绪强度会降低直到该情绪消散。不失一般性，本书选取自刺激事件触发后的 4.5 s 内的 EEG 数据作为分析对象，利用上节的相对小波功率计算公式求得被试 5 在各种愤怒等级下的相对功率谱，如图 4-6 所示。从图 4-6 可看出，该被试的 β 波的相对功率谱在愤怒等级为 0 的时候最低，在愤怒等级为 5 的时候最高，且 β 波的相对功率谱随着愤怒等级的增大而显著增大。θ 波的相对功率谱在愤怒等级为 0 的时候最高，而在愤怒等级为 5 的时候最低，且 θ 波的相对功率谱随着愤怒等级的增大而减小。δ 波的相对功率谱在愤怒等级为 1, 3, 5 的时候均比愤怒等级为 0 的时候小，即在正常驾驶状态下，δ 波的相对功率谱比在愤怒驾驶状态下大，但各种愤怒等级之间并没有显著性差异。α 波的相对功率谱仅在愤怒等级为 1 和 3 的时候比正常驾驶状态下大。

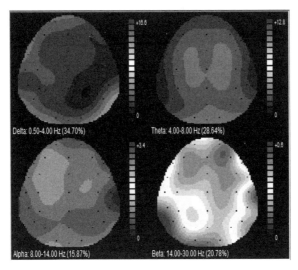

（a）愤怒等级=0

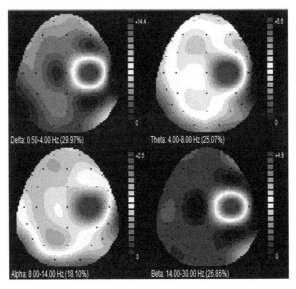

（b）愤怒等级=1

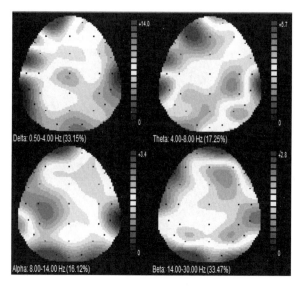

（c）愤怒等级=3

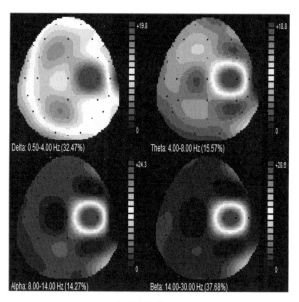

（d）愤怒等级=5

图 4-6　被试 5 在四种愤怒等级下的 EEG 信号的 δ, θ, α 和 β 波相对小波功率谱

　　为了更准确地获得不同愤怒强度下四种脑电波（δ, θ, α 和 β 波）的

变化规律，对 30 名被试在各种愤怒强度下的四种脑电波的相对功率谱进行了统计分析，获得了其平均值与标准差，如表 4-8 所示。从表 4-8 可看出，θ 波的相对功率谱随着愤怒等级的增大而减小，β 波的相对功率谱随着愤怒等级的增大而增大；而 δ 波和 α 波的相对功率谱随着愤怒等级的变化并未表现出一致的规律。为了进一步检验不同愤怒强度下的各种相对功率谱是否具有显著性差异，分别针对 δ，θ，α 和 β 波的相对功率谱进行方差分析，即对各种愤怒强度下的相对功率谱进行 Post-hoc- tests 检验，结果如表 4-9 ~ 4-13 所示。从表 4-9 ~ 4-13 可看出，β 波的相对功率谱（β%）随着愤怒强度的增大而显著增大（$P < 0.05$），即无愤怒-低等愤怒、低等愤怒-中等愤怒、中等愤怒-高等愤怒等两两之间均存在显著性差异。θ 波的相对功率谱（θ%）随着愤怒强度的增大而显著减小，且对不同愤怒强度下的 θ% 均值进行两两比较，发现它们之间也均存在显著性差异。因此，β 波的相对功率谱（β%）和 θ 波的相对功率谱（θ%）可作为区别四种愤怒强度的有效 EEG 特征。

表 4-8　不同愤怒强度下的四种脑电波相对功率谱特征的描述性统计

EEG 指标	驾驶愤怒强度			
	无	低	中	高
δ%	0.332 8(0.092 4)	0.295 6(0.075 3)	0.323 6(0.089 3)	0.317 8(0.083 1)
θ%	0.281 2(0.074 6)	0.237 9(0.063 8)	0.164 5(0.041 6)	0.148 7(0.038 9)
α%	0.163 1(0.047 2)	0.174 6(0.052 6)	0.167 5(0.046 3)	0.140 5(0.039 4)
β%	0.203 4(0.058 4)	0.281 8(0.068 2)	0.344 3(0.078 4)	0.382 5(0.092 6)

表 4-9　四种脑电波不同愤怒强度下的相对功率谱方差检验结果

		平方和	df	均方	F	显著性
	组内	0.370 19	3	0.123 40	16.388 11	0.163
δ%	组间	11.941 95	1 586	0.007 53		
	总数	12.312 14	1 589			
	组内	4.204 62	3	1.401 54	347.111 75	**0.042**

		平方和	df	均方	F	显著性
θ%	组间	6.403 83	1 586	0.004 04		
	总数	10.608 45	1 589			
	组内	0.136 74	3	0.045 58	19.875 30	0.247
α%	组间	3.637 23	1 586	0.002 29		
	总数	3.773 98	1 589			
	组内	6.864 36	3	2.288 12	477.814 47	**0.036**
β%	组间	7.594 92	1 586	0.004 79		
	总数	14.459 28	1 589			

表 4-10 四种愤怒强度下的 δ% 多重比较结果

（I）愤怒强度	（J）愤怒强度	均值差（I-J）	Std. Error	Sig.	95%置信区间 下限	上限
非愤怒	低等	0.037 2	0.003 675	0.048	0.009 2	0.080 5
	中等	0.009 2	0.004 084	0.227	0.001 4	0.031 6
	高等	0.015	0.004 288	0.065	0.002 7	0.038 5
低等	中等	−0.028	0.003 701	0.184	−0.060 4	−0.008 2
	高等	−0.022 2	0.004 072	0.092	−0.071 5	−0.003 5
中等	高等	0.005 8	0.004 363	0.226	0.001 7	0.021 4

表 4-11 四种愤怒强度下的 θ% 多重比较结果

（I）愤怒强度	（J）愤怒强度	均值差（I-J）	Std. Error	Sig.	95%置信区间 下限	上限
非愤怒	低等	0.043 3	0.004 145	0.043	0.012 6	0.084 6
	中等	0.116 7	0.040 446	0.036	0.060 4	0.152 8
	高等	0.132 5	0.042 383	0.014	0.081 5	0.190 2
低等	中等	0.073 4	0.007 641	0.033	0.016 2	0.132 9
	高等	0.089 2	0.009 002	0.027	0.021 7	0.142 3
中等	高等	0.015 8	0.008 283	0.021	0.006 2	0.081 8

表 4-12　四种愤怒强度下的 α% 多重比较结果

（I）愤怒强度	（J）愤怒强度	均值差（I-J）	Std. Error	Sig.	95%置信区间 下限	上限
非愤怒	低等	-0.011 5	0.003 625	0.418	-0.047 2	-0.004 3
	中等	-0.004 4	0.001 034	0.294	-0.026 3	-0.001 3
	高等	0.022 6	0.008 238	0.083	0.004 8	0.071 8
低等	中等	0.007 1	0.002 651	0.126	0.000 9	0.032 5
	高等	0.034 1	0.001 622	0.095	0.007 2	0.082 6
中等	高等	0.027	0.008 313	0.204	0.008 3	0.079 2

表 4-13　四种愤怒强度下的 β% 多重比较结果

（I）愤怒强度	（J）愤怒强度	均值差（I-J）	Std. Error	Sig.	95%置信区间 下限	上限
非愤怒	低等	-0.078 4	0.014 263	0.046	-0.136 3	-0.025 1
	中等	-0.140 9	0.036 742	0.035	-0.202 4	-0.073 5
	高等	-0.179 1	0.037 184	0.017	-0.256 2	-0.108 2
低等	中等	-0.062 5	0.029 714	0.026	-0.117 3	-0.014 6
	高等	-0.100 7	0.031 825	0.014	-0.172 6	-0.042 5
中等	高等	-0.038 2	0.009 268	0.047	-0.089 3	-0.008 5

4.5　基于生理阈值的愤怒强度标定

在第 3 章，基于被试的自我报告和观察者的评价，对被试的驾驶愤怒强度进行了初步标定，但由于被试的自我报告与观察者的评价均带有较强的主观性，因此，还需要一些客观指标对被试的愤怒强度做进一步的标定。本节采用接受者操作特征（receiver operating characteristic，ROC）曲线分析方法确定不同愤怒强度的最佳判别阈值，以实现对驾驶愤怒强度的精确标定。

4.5.1　ROC 曲线分析方法

ROC 曲线分析方法发源于电子信号观测理论，用于评价雷达信号接收能力。ROC 曲线分析方法以统计决策理论为基础，目前在医疗诊断、人类感知和决策、军事监控与工业质量控制等领域的应用较为成熟[144-146]。现在，也有学者将该方法尝试应用于驾驶行为领域，如疲劳驾驶状态识别[147]。文献[148]将 ROC 定义为："对于可能存在混淆的两种状态，需要诊断者或预测者做出准确判断或决策的一种定量方法。"根据文献[144-148]，ROC 曲线的评价方法的特点总结如下。

1. ROC 曲线的绘制原理

在诊断试验的评价过程中，将某检测指标用来区分阳性样本与阴性样本的判别阈值作为诊断界点（cut-off point），如图 4-7（a）所示。这里，灵敏度（sensitivity）即真阳性率（true positive rate，TPR）定义为：以诊断界点作为判别基准，将阳性样本诊断为阳性的概率，即阳性样本正确识别的概率。例如，假如某愤怒强度的样本为阳性样本，那么其他愤怒强度的样本则为阴性样本。特异度（specitivity）即真阴性率（true negative rate，TNR）。ROC 曲线就是采用构图法描述诊断检验的灵敏度和特异度之间相互关系的曲线，是反映该诊断检验灵敏度与特异度这两种连续变量的综合指标。此外，在诊断试验过程中常用到另外两个指标，分别是假阴性率（false negative rate，FNR）、假阳性率（false positive rate，FPR），其中 FNR 俗称漏判率，指阳性样本在诊断试验过程中错判为阴性的概率；FPR 俗称误判率，指阴性样本（即正常样本）在诊断试验过程中错判为阳性的概率。这两个指标与灵敏度、特异度之间的换算关系如公式（4-20）～（4-23）所示：

$$TPR = \frac{TP}{TP + FN} \times 100\% \qquad （4-20）$$

$$TNR = \frac{TN}{TN + FP} \times 100\% \qquad （4-21）$$

$$FPR = 1 - TNR = \frac{FP}{TN + FP} \times 100\% \qquad （4-22）$$

$$FNR = 1 - TPR = \frac{FN}{TP + FN} \times 100\% \qquad （4-23）$$

为了确定某检测指标的最佳判别阈值使得判别准确率最高，即漏判率与误判率之和最小（见图 4-7（a）），在诊断试验过程中将会尝试不同的判别阈值即诊断界点，以每一个诊断界点对应的 TPR 值为纵坐标，FPR 值为横坐标，连接所有的诊断界点即可形成 ROC 曲线（见图 4-7（b））。

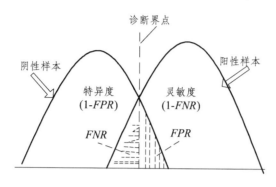

（a）评价指标示意图

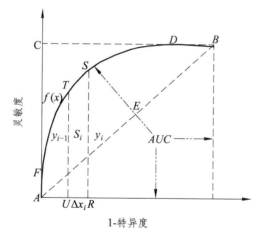

（b）ROC 曲线坐标系统示意图

图 4-7　ROC 曲线坐标系统及其评价指标示意图

2. 特征指标的检测准确率

坐标系统中的 ROC 曲线的位置和形状决定了特征指标检测准确度。当诊断界点即判别阈值取在机会线（参照线）AB 上，例如 E 点时，表示判断结果的灵敏度和特异度均为 50%，即完全凭机会区分阳性样本和阴

103

性样本，表明诊断试验无诊断价值，判断结果无实际意义。当判别阈值取在直线 AC 上时表示特异度为 1；当判别阈值取在直线 CB 上时表示灵敏度为 1，在这两种情形下，选定的判别阈值检测准确率最高，样本之间无重叠区域，即图 4-7（a）中的阴性样本和阳性样本无重叠区域。当判别阈值取在曲线 ADB（即 ROC 曲线）上时，表示判断的样本之间存在重叠区域，即存在一定的漏判率和误判率。当判别阈值越靠近 ROC 曲线的左上角即点 $C(0, 1)$ 时，那么判别的样本重叠区域越小，表示该判别阈值的检测性能越好。

对于任何一种检测方法，其灵敏度与特异度成正交关系，改变判别阈值不可能同时提高其检测的灵敏度与特异度，但 ROC 曲线下的面积（area under the curve，AUC）是综合评价检测方法的二维直观描述：AUC 反映了判别阈值的准确性，AUC 越大，表明判别阈值的准确性越高。一般地，当 AUC 大于等于 0.8 时，即可认为该判别阈值或检测方法的准确率较高，可用该判断阈值进行样本阴阳性检测。AUC 的具体评判标准如表 4-14 所示。

表 4-14　ROC 曲线面积（AUC）判断标准

曲线下面积	等级	判别结果评价
0.9 ~ 1.00	A	优
0.80 ~ 0.9	B	良
0.70 ~ 0.80	C	一般
0.60 ~ 0.70	D	差
0.50 ~ 0.60	E	极差

在实际判别过程中，AUC 可采用梯形法积分求得，即对图 4-7（b）中的曲边梯形 $URST$ 进行积分计算，如式（4-24）所示：

$$AUC = \int_e^f f(x)\mathrm{d}x = \sum_{i=1}^n S_i = \sum_{i=1}^n \frac{y_{i-1} + y_i}{2}\Delta x_i \qquad （4\text{-}24）$$

式中 e, f 分别是横坐标 FPR 的下限和上限；S_i 是 ROC 曲线坐标系统的第 i 个曲边梯形；y_{i-1} 和 y_i 分别是曲边梯形的上底和下底；Δx_i 为该曲边梯形的高。

3. 最佳判别阈值的确定

除了评判检测指标或算法的准确性，ROC 曲线的另一个较为重要的作用就是确定最佳判别阈值。由于 ROC 曲线包含了所有可能的诊断界点（判别阈值）以及每个诊断界点的灵敏度和特异度，根据 ROC 曲线评价方法特点（2）可知，越靠近左上角 C 点的诊断界点的检测判别效果越好。由于不可能同时提高判别阈值的灵敏度和特异度，即这两个评价指标存在折中性，因此，最佳阈值的选择本质上是一种优化问题。在实际应用中，可选择 ROC 曲线上尽量靠近左上方（即 C 点）且 Youden 指数最大的诊断界点作为最佳判别阈值[147]。Youden(Y)指数定义如下：

$$Y = TPR + TNR - 1 \qquad (4\text{-}25)$$

根据式（4-25）可知

$$Youden \text{ 指数} = 灵敏度 + 特异度 - 1$$

结合式（4-22）和（4-23），Y 指数还可表达为

$$Y = 1 - (FPR + FNR) \qquad (4\text{-}26)$$

通过该式可看出，当误判率 FPR 和漏判率 FNR 之和达到最小值时，Y 指数即可达到最大值。

4.5.2 愤怒强度判定阈值

1. 最佳阈值求解

依据 4.5.1 部分介绍的 ROC 曲线评价方法的三个特点，基于 ROC 曲线确定检测指标的最佳判别阈值主要包括以下三个步骤：

（1）基于检测指标在两种状态下的变化范围确定所有可能的判别阈值。

（2）计算每个可能的判别阈值对应的真阳率（TPR）和假阳率（FPR），作为组成 ROC 曲线的诊断界点的纵、横坐标。

（3）分别计算判别阈值数组中各判别阈值对应的 Youden(Y)指数，确定 Youden(Y)指数的最大值，并基于此最大 Y 值确定对应的判别阈值，此判别阈值为驾驶愤怒状态的最佳判别阈值。

下面以 β 波相对功率谱（β%）这一检测指标为例进行说明。驾驶愤怒等级 1 下 β% 的范围为 [0.181 6, 0.316 4]，而在愤怒等级 0（正常驾驶）下 β% 的范围为 [0.138 3, 0.269 5]，因此，β% 在两种愤怒等级下的变化范围为 [0.138 3, 0.316 4]，即所有可能的判断阈值的取值范围。依据判断阈值的变化范围，选取 0.000 5 作为判别阈值取值间隔，生成 ROC 曲线，并确定检测指标 β% 在区分驾驶愤怒等级 1 与 0 的最佳判别阈值，具体实现方法如图 4-8 所示。

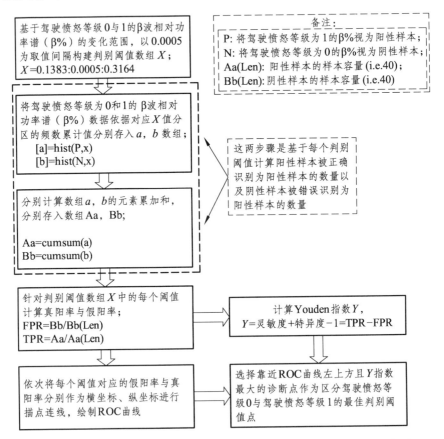

图 4-8　基于判别指标 β% 的 ROC 曲线绘制过程及最佳判别阈值确定流程

经图 4-8 所示的步骤绘制的基于 β% 的 ROC 曲线如图 4-9 所示。其中，纵坐标表示阳性样本中被正确判别为阳性样本的概率，即驾驶愤怒等级为 1 的样本被正确识别的概率；横坐标表示阴性样本中被错误判别为阳性样本的概率，即驾驶愤怒等级为 0（正常驾驶状态）的样本被错判为驾驶愤怒等级为 1 的概率。根据图 4-8 中关于最佳判别阈值点的选取原则，图 4-9 中的 H_1 点 Y 指数达到最大值 0.588 9，即此时 Y 值对应的判别阈值点为最佳判别阈值点，即基于 β% 的最佳判别阈值为 0.258 6，此时真阳率 TPR（灵敏度）为 81.03%，假阳率（1-特异度）为 22.14%，同时，此 ROC 曲线下的面积 AUC 为 0.807 2，即采用 β% 这一检测指标的平均判别准确率为 80.72%。此外，值得注意的是，在图 4-9 的 ROC 曲线中，存在两个转折点 $N(0, 0.1465)$ 和 $L(0.8814, 1)$，其中 N 点的特异度为 100%，但灵敏度仅为 14.65%，表示 85.35% 的驾驶愤怒等级为 1 的样本被错判别为等级为 0 的样本；L 点的灵敏度为 100%，特异度为 11.86%，表示有 11.86% 的驾驶愤怒等级为 0 的样本被正确识别。因此，当诊断界点位于 N, L 这两点之间，即相应的判别阈值介于 0.221 4 与 0.243 8 之间，也表示被试的 β 波的相对功率谱（β%）位于此区间时，被试极有可能处于从正常驾驶状态（愤怒等级为 0）到愤怒等级为 1 的过渡状态，预示驾驶愤怒检测系统应该提前给予某种干预以缓和驾驶人的愤怒情绪，阻止可能出现低强度的"路怒症"。

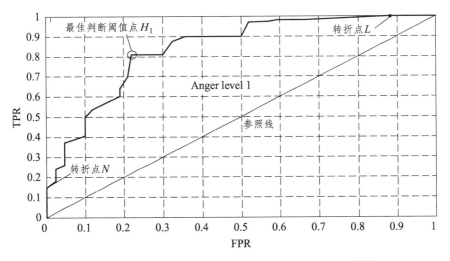

图 4-9　驾驶愤怒等级 1 样本的 β% 判别检测 ROC 曲线

类似地，基于图 4-8 所示的 ROC 曲线绘制步骤，驾驶愤怒等级 3 和驾驶愤怒等级 5 下的 β 波相对功率谱（β%）判别检测的 ROC 曲线如图 4-10 所示。同样地，θ 波相对功率谱（θ%）、血流量脉冲（BVP）、心电样本熵（ECG_SampEn）这三项生理指标判别检测三种驾驶愤怒等级(1, 3, 5)的 ROC 曲线如图 4-11 ~ 4-13 所示。进一步对这三种特征指标在不同愤怒等级下的 ROC 曲线下的面积 AUC 进行统计分析，统计结果如表 4-15 所示。从表 4-15 可看出，三种生理特征指标判别检测不同驾驶愤怒等级的 ROC 曲线面积 AUC 介于 0.801 9 与 0.886 7 之间，均在 0.8 以上，按照表 4-14 中有关 ROC 曲线评判标准，这四项生理指标即 EEG_β%，EEG_θ%，ECG_SampEn 和 BVP 均可作为识别不同驾驶愤怒等级的有效特征。其中 ECG_SampEn 在判别检测愤怒等级 5 时的 AUC 取得最大值 0.886 7，表明该生理特征在识别 5 级驾驶愤怒的准确率最高。同时从表 4-15 还可看出，这四种生理特征指标可显著区分不同驾驶愤怒等级，因为其渐进显著性概率均满足 $p < 0.05$。

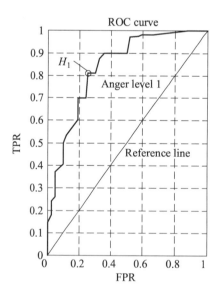

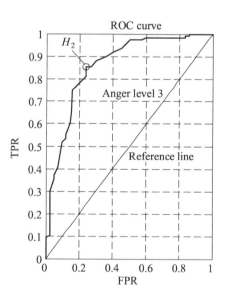

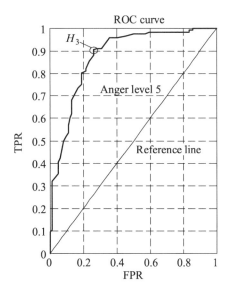

图 4-10 三种愤怒等级下的 EEG_β%判别检测的 ROC 曲线

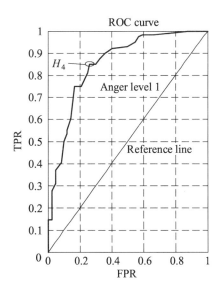

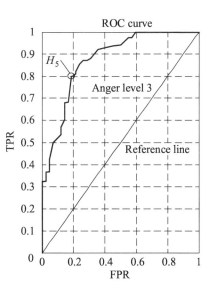

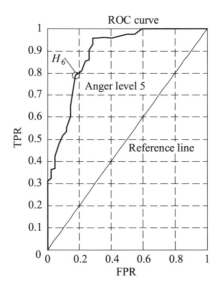

图 4-11　三种愤怒等级下的 EEG_0%判别检测的 ROC 曲线

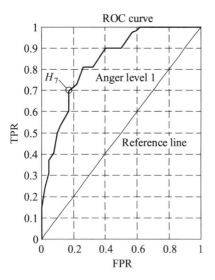

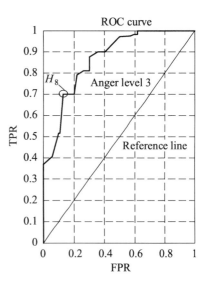

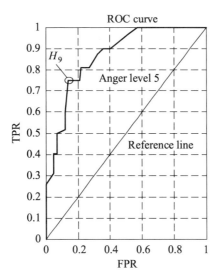

图 4-12　三种愤怒等级下的 BVP 判别检测的 ROC 曲线

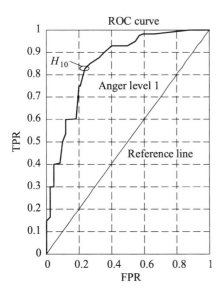 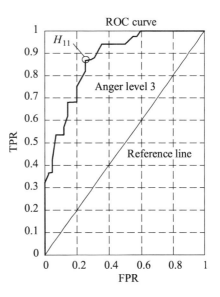

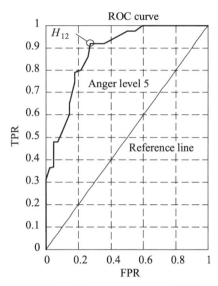

图 4-13　三种愤怒等级下的 ECG_SampEn 判别检测的 ROC 曲线

表 4-15　四种特征指标在不同愤怒等级下的 AUC 统计分析

驾驶愤怒等级	特征指标	AUC	Std.Error	Asymptotic Sig.	95%置信区间	
					下限	上限
level1	EEG_β%	0.791 4	0.026 1	0.042	0.751 3	0.841 6
	EEG_θ%	0.807 2	0.027 3	0.038	0.756 2	0.854 8
	BVP	0.801 9	0.025 2	0.034	0.742 3	0.846 1
	ECG_SampEn	0.812 6	0.028 6	0.048	0.759 3	0.862 5
level3	EEG_β%	0.816 8	0.027 6	0.029	0.768 2	0.867 3
	EEG_θ%	0.827 6	0.028 4	0.032	0.782 6	0.873 2
	BVP	0.811 7	0.027 8	0.027	0.780 5	0.869 4
	ECG_SampEn	0.845 9	0.029 7	0.039	0.794 3	0.891 4
level5	EEG_β%	0.858 7	0.031 8	0.026	0.809 2	0.899 4
	EEG_θ%	0.863 5	0.032 5	0.024	0.814 7	0.912 9
	BVP	0.852 4	0.031 1	0.023	0.809 2	0.901 7
	ECG_SampEn	0.886 7	0.033 4	0.043	0.943 5	0.821 4

表 4-16　不同愤怒等级检测指标的最佳判别阈值以及判别准确率

驾驶愤怒等级	特征指标	TPR	FPR	最佳判别阈值
	EEG_β%	0.810 3	0.221 4	0.258 6
level1	EEG_θ%	0.750 6	0.165 2	0.218 3
	BVP	0.801 5	0.212 6	37.36
	ECG_SampEn	0.827 6	0.236 1	0.357 2
	EEG_β%	0.853 4	0.238 1	0.326 9
level3	EEG_θ%	0.800 9	0.186 4	0.153 9
	BVP	0.836 8	0.220 6	38.45
	ECG_SampEn	0.867 3	0.252 6	0.513 7
	EEG_β%	0.905 2	0.261 9	0.376 4
level5	EEG_θ%	0.789 0	0.178 0	0.121 6
	BVP	0.887 2	0.243 5	39.62
	ECG_SampEn	0.917 3	0.274 6	0.648 1

从图 4-10 和表 4-16 可看出，基于特征指标 EEG_β%检测 1 级、3 级与 5 级驾驶愤怒的最佳诊断界点分别为点 H_1, H_2, H_3，对应的最佳判别阈值分别为：0.258 6，0.326 9，0.367 4；同时，该指标判别这三种驾驶愤怒等级的灵敏度（TPR）满足：TPR $\in$ [0.8103,0.9052]，特异度（TNR）满足：TNR $\in$ [0.7381,0.7786]。这说明，EEG_β%特征指标在检测愤怒等级为 1, 3, 5时具有较高的判断准确率。类似地，从图 4-11、图 4-12、图 4-13 和表 4-16可看出，基于特征指标 EEG_θ%检测 1 级、3 级与 5 级驾驶愤怒的最佳诊断界点分别为点 H_4, H_5, H_6，对应的最佳判别阈值分别为 0.218 3，0.153 9，0.121 6；同时，该指标判别这三种驾驶愤怒等级的灵敏度（TPR）满足：TPR $\in$ [0.7506,0.8009]，特异度（TNR）满足：TNR $\in$ [0.8136,0.8348]。基于特征指标 BVP 检测 1 级、3 级与 5 级驾驶愤怒的最佳诊断界点分别为点 H_7, H_8, H_9，对应的最佳判别阈值分别为：37.36，38.45，39.62；同时，该指标判别这三种驾驶愤怒等级的灵敏度（TPR）满足 TPR $\in$ [0.8015,0.8872]，特异度（TNR）满足：TNR $\in$ [0.7565,0.7874]。基于特征指标 ECG_SampEn检测 1 级、3 级与 5 级驾驶愤怒的最佳诊断界点分别为点 II_{10}, II_{11}, II_{12}，

对应的最佳判别阈值分别为：0.357 2，0.513 7，0.648；同时，该指标判别这三种驾驶愤怒等级的灵敏度（TPR）满足：TPR $\in [0.8276, 0.9173]$，特异度（TNR）满足：TNR $\in [0.7254, 0.7639]$。因此，EEG_θ%，EEG_β%，ECG_SampEn 和 BVP 这四个特征指标在检测愤怒等级为 1, 3, 5 时具有较高的判断准确率。

因 BVP，ECG_SampEn，EEG_θ%，EEG_β%这四项生理指标都随着驾驶愤怒强度呈现出一致的单调性，因此，基于表 4-16 显示的驾驶愤怒等级为 1 级、3 级与 5 级的最佳判别阈值，可推导出基于四种生理特征的四种驾驶愤怒强度的最佳判别阈值范围[149]，如表 4-17 所示。从表 4-17 可得出：正常驾驶状态（无愤怒）的最佳判别阈值范围分别为：

$0 <$ EEG_β% < 0.2586

$0.2183 \leqslant$ EEG_θ% < 1

$0 <$ ECG_SampEn < 0.3572

$0 <$ BVP < 37.36

低等愤怒强度驾驶状态的最佳判别阈值范围分别为：

$0.2586 \leqslant$ EEG_β% < 0.3269

$0.1539 \leqslant$ EEG_θ% < 0.2183

$0.3572 \leqslant$ ECG_SampEn < 0.5137

$37.36 \leqslant$ BVP < 38.45

中等愤怒强度驾驶状态的最佳判别阈值范围分别为：

$0.3269 \leqslant$ EEG_β% < 0.3674

$0.1216 \leqslant$ EEG_θ% < 0.1539

$0.5137 \leqslant$ ECG_SampEn < 0.6481

$38.45 \leqslant$ BVP < 39.62

高等愤怒强度驾驶状态的最佳判别阈值范围分别为：

EEG_β% $\geqslant 0.3674$

$0 <$ EEG_θ% < 0.1216

ECG_SampEn $\geqslant 0.6481$

BVP $\geqslant 39.62$

因此，可采用基于 EEG_β%，EEG_θ%，ECG_SampEn，BVP 这四项生理指

标特征的最佳判别阈值范围对不同的驾驶愤怒强度进行分级预警或干预。

表 4-17 不同驾驶愤怒强度的最佳判别阈值范围

特征指标	无愤怒 Level <1	低等愤怒 1≤Anger Level<3	中等愤怒 3≤Anger Level<5	高等愤怒 Anger Level≥5
EEG_β%	(0, 0.2586)	[0.2586, 0.3269)	[0.3269, 0.3674)	[0.3674, 1)
EEG_θ%	[0.2183, 1)	[0.1539, 0.2183)	[0.1216, 0.1539)	(0, 0.1216)
ECG_SampEn	(0, 0.3572)	[0.3572, 0.5137)	[0.5137, 0.6481)	[0.6481, 1)
BVP	(0, 37.36)	[37.36, 38.45)	[38.45, 39.62)	[39.62, +∞)

2. 阈值有效性验证

为了验证求得的特征指标 EEG_β%，EEG_θ%，ECG_SampEn 与 BVP 对四种愤怒强度判别阈值的有效性，下面选用 795 组实验样本数据对该阈值进行测试评价，其中，有 352 个正常驾驶样本（none anger），210 个低强度愤怒样本，155 个中强度愤怒样本，78 个高强度愤怒样本。评价指标除了 4.5.1 节介绍的 TPR，FPR 与 AUC，本节将再引入三个广泛使用的评价指标即 PPA，F1 与 Acc。其中，PPA（positive predictive accuracy）为阳性预测率，又被称为查准率；Acc（accuracy）为识别准确率；F1 为综合衡量查全率，即 TPR 与查准率 PPA 的指标。这三项指标的计算公式为：

$$PPA = \frac{TP}{TP+FP} \tag{4-27}$$

$$Acc = \frac{TP+TN}{TP+FN+TN+FP} \tag{4-28}$$

$$F1 = \frac{2 \times TPR \times PPA}{TPR+PPA} \tag{4-29}$$

式中 TP 为真阳性样本个数；TN 为真阴性样本个数；FN 为假阴性样本个数；FP 为假阳性样本个数。

标定结果如表 4-18 所示，从该表可看出，特征指标 EEG_β%对四种愤怒状态的识别准确率（Acc）最高，达到80.21%，而BVP对四种愤怒状态的识别准确率最低，仅为73.64%。四种指标的准确率由高到低的顺序为：

$$EEG\_\beta\% > ECG\_SampEn > EEG\_\theta\% > BVP$$

通过表4-18还可看出，EEG_β%的其他判别效果指标如查全率（TPR）、查准率（PPA）以及F1在四种指标中是最高的。因此，EEG_β%对四种驾驶愤怒状态的识别效果要高于其他三种指标。在实际标定驾驶愤怒强度的过程中，可综合考虑这四种特征指标的阈值判别结果，具体标定过程见4.5.3部分。

表4-18 四种特征指标判定阈值的有效性验证结果

特征指标		TPR/%	PPA/%	F1/%	Acc/%
EEG_β%	无愤怒	84.21	90.91	87.43	
	低等愤怒	76.00	77.03	76.51	80.21
	中等愤怒	78.00	70.27	73.93	
	高等愤怒	81.66	73.13	77.16	
EEG_θ%	无愤怒	79.47	87.28	83.19	
	低等愤怒	70.67	71.62	71.14	75.20
	中等愤怒	73.00	64.60	68.54	
	高等愤怒	76.67	69.70	73.02	
BVP	无愤怒	77.01	84.72	80.68	
	低等愤怒	68.19	69.04	68.61	73.64
	中等愤怒	70.50	62.00	65.98	
	高等愤怒	74.15	67.08	70.44	
ECG_SampEn	无愤怒	82.07	88.93	85.36	
	低等愤怒	73.82	75.03	74.42	78.15
	中等愤怒	75.78	68.25	71.82	
	高等愤怒	79.40	71.09	75.02	

4.5.3 愤怒强度精确标定

1. 愤怒强度判别模型

基于 4.5.1 部分 ROC 曲线求得的各项生理指标的最佳判别阈值，可建立一种基于生理阈值的驾驶愤怒综合判别模型。利用此模型判别结果，可对基于自评报告的愤怒强度初步标定结果进行校正，从而完成驾驶愤怒强度的精确标定。具体步骤如下所示：

（1）根据第 $i(i = 1, 2, 3, 4)$ 个生理特征指标的第 $k(k = 1, 3, 5)$ 种愤怒等级的最佳判别阈值范围，可求得基于该阈值检测的真阳样本个数（TP_i^k）、真阴样本个数（TN_i^k）、假阳样本个数（FP_i^k）与假阴样本个数（FN_i^k）。那么该阈值范围的准确度（Ac_i^k），可通过式（4-30）计算：

$$Ac_i^k = \frac{TP_i^k + TN_i^k}{TP_i^k + FP_i^k + TN_i^k + FN_i^k} \times 100\% \qquad （4\text{-}30）$$

（2）根据 4.5.1 节有关 ROC 曲线分析方法原理可知，ROC 曲线下面积（AUC）是衡量特征指标对不同状态判别能力的一个重要评价指标，因此，第 k 种愤怒等级的第 i 个生理特征指标的综合判别准确度可表示为

$$C_i^k = AUC_i^k * Ac_i^k \qquad （4\text{-}31）$$

（3）根据该特征指标的综合判别准确度（C_i^k）对该指标的相对权重（w_i^k）进行线性分配，如式（4-32）所示：

$$\frac{C_i^k}{C_j^k} = \frac{w_i^k}{w_j^k}$$
$$\text{s.t. } \sum_{i=1}^{4} w_i^k = 1, \ i, j = 1, 2, 3, 4; \ i \neq j \qquad （4\text{-}32）$$

（4）根据第 i 个生理特征指标的真实值 X_i 与第 k 种愤怒等级下该指标的最佳阈值 BT_i^k 以及该指标的相对权重 w_i^k，可建立驾驶愤怒等级的综合线性判别模型，如式（4-33）所示：

$$E^k = \sum_{i=1}^{4} w_i^k D_i^k \qquad （4\text{-}33）$$

式中 E^k 为第 k 种驾驶愤怒等级的综合判别值，D_i^k 为 X_i 与 BT_i^k 的比值。假设 EEG_θ% 是第四个生理特征指标，由于该指标随着愤怒强度的增大而减小，而其他三个指标即 EEG_β%，BVP 与 ECG_SampEn 随着愤怒强度的增大而增大，因此，D_i^k 可表示为

$$D_i^k = \begin{cases} \dfrac{X_i}{BT_i^k}, & i \neq 4 \\[3mm] \dfrac{BT_i^k}{X_i}, & i = 4 \end{cases} \qquad (4\text{-}34)$$

由于 E^1, E^3, E^5 分别表示愤怒等级为 1，3，5 时的综合判别值，那么正常驾驶、低等愤怒驾驶、中等愤怒驾驶、高等愤怒驾驶的判别可按图 4-14 展开。

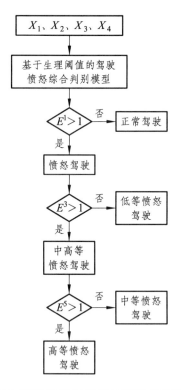

图 4-14 基于生理特征指标阈值的驾驶愤怒强度判别流程

2. 模型验证与愤怒强度标定

利用 4.5.3 节 1 中内容建立的基于生理特征指标阈值的驾驶愤怒强度判别模型，采用 4.5.2 节 2 中内容的测试集对该模型进行有效性验证，模型测试结果如表 4-19 所示。

表 4-19　基于生理特征指标阈值的驾驶愤怒强度判别模型的测试结果

	TPR/%	PPA/%	F1/%	Acc/%
无愤怒	86.43	92.25	89.25	
低等愤怒	77.92	78.16	78.04	81.92
中等愤怒	80.48	71.86	75.93	
高等愤怒	84.82	75.86	80.09	

通过表 4-19 可看出，基于 EEG_β%，EEG_θ%，BVP 与 ECG_SampEn 这四项生理指标阈值融合的驾驶愤怒强度综合判别模型的判别效果较好，总的判别精度可达到 81.92%，且对无愤怒（正常驾驶）和高等愤怒强度驾驶状态的识别率最高。因此，该模型可用来校正基于愤怒自评报告的初步标定结果。

校正的具体过程为：当被试自我报告结果与模型判别结果的误差大于或等于 2 个强度时，须重新对自我报告中的强度进行标定。

其步骤为：邀请 3 名驾龄大于 20 年的驾驶人基于实验过程中拍摄的道路环境、驾驶人面部或语音表情以及驾驶操作行为视频内容，对被试的愤怒强度进行独立评估，最后根据独立评估结果进行综合判定。

4.6　小结

本章基于实车实验采集的生理信号数据研究不同愤怒强度下的生理信号 SC, RR, BVP, ECG 和 EEG 的变化规律，通过相关特征生成算法和方差分析统计，提取了 BVP 均值（BVP）、ECG 信号样本熵（ECG_SampEn）以及 EEG 信号的 β 波相对功率谱（EEG_β%）和 θ 波相对功率谱（EEG_θ%）这四种生理特征作为区分正常（无愤怒）、低等愤怒、中等愤怒与高等愤怒这四种驾驶愤怒强度的有效特征，最后采用接受者操作特征曲线（ROC）评价方法确定不同愤怒强度的最佳判别阈值范围，并建立基于四项生理指标阈值融合的驾驶愤怒强度综合判别模型，实现对驾驶愤怒强度的精确标定。

第 5 章

愤怒驾驶行为特征分析

驾驶行为通常包括驾驶人对车辆的操作行为以及车辆的运动行为。其中，驾驶操作行为是指驾驶过程中驾驶人对车辆的横纵向控制，包括对方向盘、加速踏板、制动踏板、离合器踏板、挡位手柄或制动拉杆等部件的操作动作。通过一系列的机械传动，驾驶人的操作行为将直接作用于车辆的运动行为，包括速度、加速度、车道位置、车头时距、横摆角速度等。这些运动行为和状态可反映车辆在运行过程中的平顺性和稳定性，直接与行车安全紧密相连。实验数据可反映驾驶人愤怒情绪变化导致的驾驶行为的变化。驾驶人在愤怒情绪下对车辆的控制稳定性和精度比正常状态下（中性情绪）低。为此，本章将研究不同愤怒强度下的驾驶行为变化规律，提取能有效区分不同驾驶愤怒强度的特征参数。主要驾驶行为指标包括方向盘转角、加速踏板开度、加速度、横摆角速度、车头时距、车道偏离等。

5.1　方向盘转角

驾驶人在行车过程中根据驾驶环境的变化，不断对方向盘进行调整与修正，从而尽可能地使车辆行驶在车道中心位置。随着驾驶人愤怒程度的加重，其操作方向盘的稳定性降低。因此，方向盘的操作精度能够客观地反映驾驶人的愤怒强度。

5.1.1　方向盘转角直观分析

方向盘是控制车辆横向稳定性的重要部件。在驾驶过程中，方向盘转角以及方向盘转角速度等指标常用来衡量驾驶人对方向盘操作的稳定性，而不同的精神状态对驾驶人对方向盘的操作具有一定的影响。本部分将探索驾驶人在愤怒情绪下的方向盘操作特征，为基于方向盘操作特征的驾驶情绪识别提供研究基础。为了尽量准确地提取愤怒情绪下方向盘的操作特征，减少其他因素对该特征的干扰，本部分先基于实车实验过程中采集的 GPS 数据与前方道路视频录像，将车辆转弯时间段内的方向盘转角信号予以剔除。下面选取一段含有某被试正常驾驶与愤怒驾驶状态下的方向盘转角信号来说明驾驶人在不同情绪状态下的方向盘操作变化规律，如图 5-1 所示。

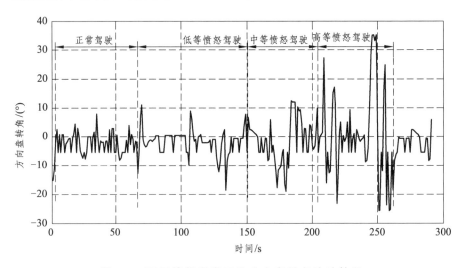

图 5-1　不同愤怒强度下的方向盘转角波动特征

通过图 5-1 可看出，该被试在正常驾驶状态下对方向盘多采用高频率小幅度的调整方式，操作行为较为平顺稳定；而在低等愤怒驾驶状态下，调整方向盘的频率明显较正常驾驶状态下小，即在此状态下，驾驶人可能在回忆刚才的愤怒刺激场景而导致一定程度的分神，进而导致方向盘的操作频率降低；在中等愤怒状态和高等愤怒状态下，方向盘的调整幅度较正常驾驶状态下大，尤其是高等愤怒状态下的方向盘操作幅度显著高于正常驾驶状态下的方向盘操作幅度，即在中、高等愤怒状态下，驾驶人会紧急调整方向盘，使得方向盘转角发生快速且大幅度变化。因此，愤怒情绪使得驾驶人对方向盘的控制稳定性和精度都比正常驾驶状态差。

5.1.2 方向盘转角统计分析

1. 方向盘转角绝对均值和标准差

由实验数据记录可知，方向盘的左右转向分别用正负数表示。为了便于研究方向盘转角幅值变化特征，本书忽略方向盘转向，即只分析方向盘转角的绝对值，并采用方向盘转角绝对均值 SWA_Mean 和方向盘转角标准差 SWA_Std 来衡量被试在不同愤怒强度下的方向盘转角幅值的变化特征，如公式（5-1）和（5-2）所示：

$$SWA\_Mean = \frac{1}{N}\sum_{i=1}^{N}\left[SWA_i\right] \qquad (5\text{-}1)$$

$$SWA\_Std = \sqrt{\frac{1}{N-1}\sum_{i=1}^{N}\left(SWA_i - SWA_a\right)} \qquad (5\text{-}2)$$

其中 N 为样本量，SWA_i 为第 i 个样本的方向盘转角，SWA_a 为统计时间内方向盘转角均值。

根据以上计算公式对 30 个被试在四种驾驶愤怒强度下的平均值 SWA_Mean 和 SWA_Std 的分布规律进行统计，结果如图 5-2 和图 5-3 所示。从这两图可看出，方向盘转角绝对均值 SWA_Mean 随着愤怒强度的增大而增大，但正常驾驶与低等愤怒驾驶之间以及中等愤怒驾驶与高等愤怒驾驶之间的差异不明显；而方向盘转角标准差 SWA_Std 随着愤怒强度的增大而显著增大。

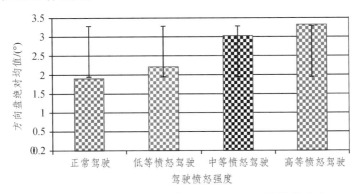

图 5-2　方向盘转角绝对均值 SWA_Mean 的均值分布

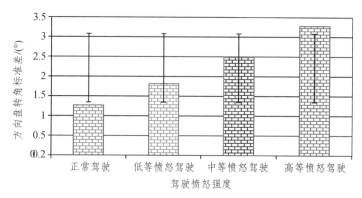

图 5-3　方向盘转角标准差 SWA_Std 的均值分布

2. 方向盘转角四分位值

为了更准确地提取不同愤怒强度下的方向盘转角变化特征，本部分将分析方向盘转角的下四分位值（SWAQ1）和上四分位值（SWAQ3）。将所有方向盘转角样本数据按从小到大的顺序排列，其中第 25% 位的数值为 SWAQ1，而第 75% 位的数值为 SWAQ3。将所有小于 SWAQ1 的样本数据的平均值作为方向盘转角的下四分位值均值 SWAQ1_Mean；将所有大于 SWAQ3 的样本数据的平均值作为方向盘转角的上四分位值均值 SWAQ3_Mean。SWAQ1_Mean 和 SWAQ3_Mean 用以反映方向盘转角的大幅度转动特征，可先找出 SWAQ1 和 SWAQ3 的位置，这两个指标的计算公式如下：

$$SWAQ1 的位置 = \frac{n+1}{4} \tag{5-3}$$

$$SWAQ3 的位置 = \frac{3(n+1)}{4} \tag{5-4}$$

其中 n 为方向盘转角样本个数。再按以下公式计算 SWAQ1_Mean 与 SWAQ3_Mean 的值：

$$SWAQ1\_Mean = \begin{cases} \dfrac{1}{N_1}\sum_{i=1}^{N} SWA_i, & if\ SWA_i \leqslant SWAQ1 \\ 0 & other \end{cases} \tag{5-5}$$

$$SWAQ3\_Mean = \begin{cases} \dfrac{1}{N_2}\sum_{i=1}^{N} SWA_i, \text{ if } SWA_i \geqslant SWAQ3 \\ 0 \qquad\qquad\qquad other \end{cases} \qquad (5\text{-}6)$$

其中 N_1 为方向盘转角小于 SWAQ1 的样本个数，N_2 为方向盘转角大于 SWAQ3 的样本个数。

不同愤怒强度下方向盘转角的下四分位值均值 SWAQ1_Mean 和上四分位值均值 SWAQ3_Mean 的均值分布分别如图 5-4 和图 5-5 所示。通过图 5-4 和图 5-5 可看出，随着愤怒强度的增大，SWAQ3_Mean 和 SWAQ1_Mean 均明显增大，即驾驶人越愤怒，其方向盘转动幅度越大。

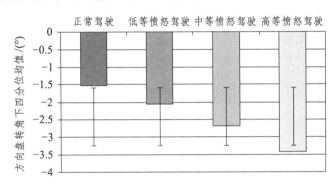

图 5-4　SWAQ1_Mean 的均值分布

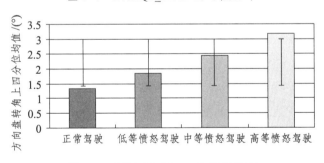

图 5-5　SWAQ3_Mean 的均值分布

为了进一步检验上述方向盘操作时域指标 SWA_Mean，SWA_Std，SWAQ1_Mean 与 SWAQ3_Mean 在不同的驾驶愤怒强度之间是否存在显著性差异，下面对这四项指标进行方差分析（显著性水平设为 0.05），结果如表 5-1 所示。从表 5-1 可看出，SWA_Std，SWAQ1_Mean 和 SWAQ3_

Mean 这三项指标在不同的愤怒强度之间存在显著性差异，而且这三项指标随着愤怒强度的增大而显著增大。这说明随着驾驶人愤怒强度的增大，方向盘转角的波动显著增大，驾驶人对方向盘的控制精度显著降低。因此，SWA_Std，SWAQ1_Mean 和 SWAQ3_Mean 可作为区别四种愤怒强度的有效驾驶行为特征。

表 5-1　不同愤怒强度下的方向盘操作行为时域指标方差分析结果

方向盘指标	正常驾驶		低等愤怒驾驶		中等愤怒驾驶		高等愤怒驾驶		F 值	P 值
	均值	标准差	均值	标准差	均值	标准差	均值	标准差		
SWA_Mean	1.9032	1.4437	2.2143	1.5294	3.0256	2.2461	3.3261	2.6275	5.837	0.085
SWA_Std	1.2741	0.6228	1.8223	0.8372	2.4942	1.2362	3.2825	1.6351	9.635	**0.029**
SWAQ1_Mean	-1.524	-0.817	-2.054	-1.265	-2.6832	-1.4628	-3.432	-1.927	6.336	**0.038**
SWAQ3_Mean	1.3536	0.7215	1.8649	1.1357	2.4437	1.3269	3.1935	1.7265	8.117	**0.042**

3. 转向盘转角小波特征分析

上述对方向盘操作的特征分析如 SWA_Mean，SWA_Std，SWAQ1_Mean 和 SWAQ3_Mean 都较为简单，而方向盘作为唯一需要驾驶人持续操作的设备，需要更为细致的分析。本部分进一步采用小波分析对其在不同愤怒强度下的方向盘转角的时域频域特征进行深入挖掘。根据方向盘转角上述时域统计特点，采用 Daubechies（db5）母小波对被试 5 的方向盘转角幅值信号进行了 5 层（尺度）分解，如图 5-6 所示，其中 d1 ~ d5 分别为尺度 1 ~ 5 的高频系数，即细节系数；a5 为尺度 5 的低频系数，即近似系数。由于近似系数的变化规律与原始信号基本一致，体现不出原始信号的更多细节特征；而方向盘转角的高频变化，即细节系数可反映驾驶人的细微操作，对驾驶人的操作特性更具有表征能力。从图 5-6 可看出，当驾驶人处于正常驾驶或低强度愤怒驾驶状态时，驾驶人方向盘操作信号的细节系数围绕 0 点频繁波动；当驾驶人处于中强度愤怒驾驶或高强度愤怒驾驶状态时，驾驶人方向盘操作信号的细节系数变化较大，变化速度也较快。

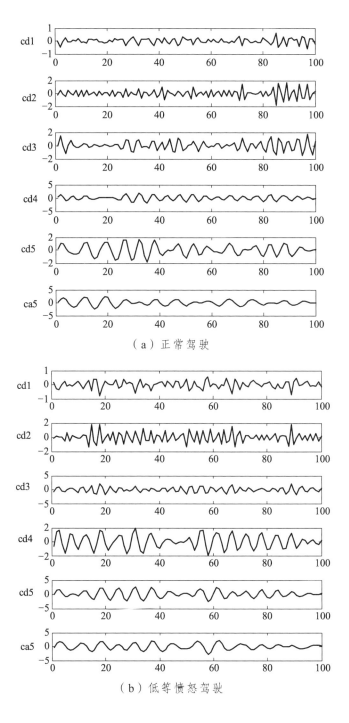

（a）正常驾驶

（b）低等愤怒驾驶

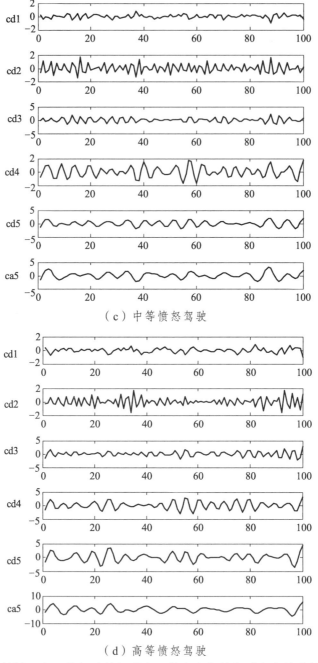

（c）中等愤怒驾驶

（d）高等愤怒驾驶

图 5-6　被试 5 在四种驾驶愤怒强度下的方向盘转角时序小波分解系数图

进一步对四种愤怒强度下的 5 层小波细节系数进行方差分析，结果如表 5-2 所示。从表 5-2 可看出，第 1 层小波细节系数标准差在不同愤怒强度下存在显著性差异，且随着愤怒强度的增大而显著减小。这表明愤怒强度越大，驾驶人对方向盘操作频率越低，其原因可能是愤怒情绪会使驾驶人不断回想其愤怒刺激场景或思考报复手段，进而使驾驶人出现一定程度的分神，导致其操作方向盘的频率降低。因此，方向盘转角信号的第 1 层小波细节系数标准差（SWA_WDC1_Std）可作为判别不同驾驶愤怒强度的指标特征。

表 5-2　方向盘操作行为信号小波细节系数标准差的方差分析结果

方向盘小波指标	正常驾驶		低等愤怒驾驶		中等愤怒驾驶		高等愤怒驾驶		F 值	P 值
	均值	标准差	均值	标准差	均值	标准差	均值	标准差		
SWA_WDC1_Std	0.0094	0.0068	0.0073	0.0052	0.0044	0.0032	0.0026	0.0018	9.837	**0.028**
SWA_WDC2_Std	0.0297	0.0174	0.0264	0.0149	0.0232	0.0134	0.0211	0.0148	2.635	0.133
SWA_WDC3_Std	0.0252	0.0183	0.0239	0.0172	0.0213	0.0153	0.0192	0.0098	3.459	0.206
SWA_WDC4_Std	0.0427	0.0329	0.0413	0.0318	0.0387	0.0286	0.0546	0.0415	1.886	0.482
SWA_WDC5_Std	0.0818	0.0522	0.0794	0.0569	0.0685	0.0429	0.0726	0.0483	1.374	0.573

5.2　加速踏板开度

加速踏板（俗称油门）是车辆纵向控制的重要组成部分。通过加速踏板调节发动机节气门的开度，进而控制车辆的启动以及行驶过程中速度的变化。在行驶过程中，驾驶人对加速踏板的操作行为与其所处的交通情境以及自身的个体特质紧密相关。鲁莽型、激进型或新驾驶人通常表现出变化较大的加速踏板开合度以及松踩踏板较快的特征，即表现出频繁的急加速或急减速。反映驾驶人加速踏板操作的指标主要包括踩踏加速踏板的深度和速度。对于自动挡汽车，加速踏板一方面可控制发动机节气门，另一方面可将驾驶人的加速意图传递给自动变速控制器进行相应的升降挡。由于本书实车实验采用的是自动挡汽车，因此仅分析加速踏板的开度与踩踏速度，而不考虑节气门开度和挡位变化。依据实验设置，加速踏板开度的单位为百分比（%），当没有踩加速踏板时，加速踏板的开度为 0%，而当完全踩下加速踏板时，加速踏板的开度为 100%。

5.2.1 加速踏板开度直观分析

在车辆实际行驶过程中，驾驶人控制加速踏板的精度既受到车辆自身振动的影响，还受到驾驶人对其腿部控制精度的影响，所以，加速踏板的开度在小范围内波动。因此，本书首先将连续两个加速踏板开度样本点波动幅度小于 3% 的信号标记为噪声并进行去除。选取一段含有某被试正常驾驶与愤怒驾驶状态下的加速踏板开度信号来说明驾驶人在不同情绪状态下的加速踏板操作变化规律，如图 5-7 所示。

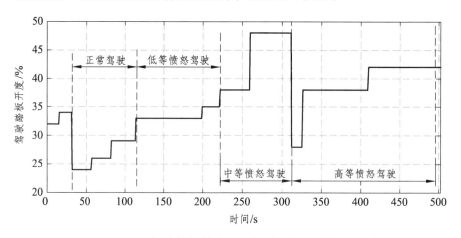

图 5-7　不同驾驶愤怒状态下的加速踏板开度变化规律

通过图 5-7 可看出，该被试在正常驾驶状态下对加速踏板多采用多频率小幅度的调整方式，操作行为较为平顺；而在低等愤怒和中等愤怒驾驶状态下调整加速踏板的幅度明显较正常驾驶状态下大，尤其在中等愤怒驾驶状态下调整加速踏板的频次显著下降，且踩踏加速踏板的速度随着愤怒强度的增大而增大。因此，愤怒情绪使得驾驶人对加速踏板控制的稳定性和精度比正常驾驶状态差。

本书将对驾驶人在正常驾驶、低等愤怒驾驶、中等愤怒驾驶与高等愤怒驾驶等四种不同愤怒强度下的加速踏板的开度与开度变化率即踩踏速度的规律进行深度研究。其中，踩踏速度是指单位时间内加速踏板的开度变化，该指标可衡量驾驶人加速过程的快慢，踩踏速度越大，驾驶人加速越快，反之越小。加速踏板踩踏速度的计算公式为

$$PSAP = \frac{OWAP}{T} \qquad\qquad (5\text{-}7)$$

式中 $PSAP$ 是加速踏板踩踏速度，单位为%/s；$OWAP$ 是在一次加速过程中踩踏加速踏板的最大开度值，单位为百分比（%）；T 是在一次加速过程中加速踏板开度达到最大值所经历的时间。

5.2.2 加速踏板开度统计分析

因为加速踏板受驾驶人对其腿部控制精度的影响较大，本书对 30 名被试的加速踏板开度均值（mean of opening width of acceleration pedal，OWAP_Mean）与标准差（standard deviation of opening width of acceleration pedal，OWAP_Std）以及加速踏板踩踏速度的均值（mean of pushing speed of acceleration pedal，PSAP_Mean）与标准差（standard deviation of pushing speed of acceleration pedal，PSAP_Std）分别进行了统计分析，结果如图 5-8 ~ 5-11 所示。

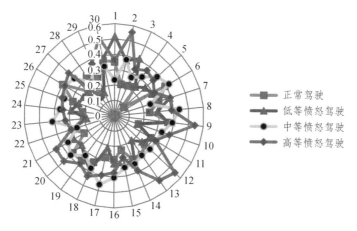

图 5-8　各被试在四种愤怒强度下的 OWAP_Mean

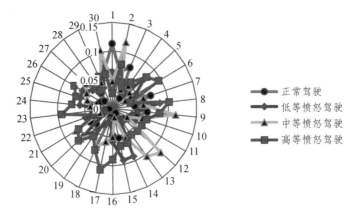

图 5-9　各被试在四种愤怒强度下的 OWAP_Std

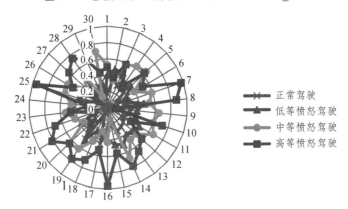

图 5-10　各被试在四种愤怒强度下的 PSAP_Mean

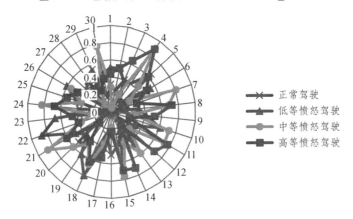

图 5-11　各被试在四种愤怒强度下的 PSAP_Std

从图 5-8 和图 5-9 可看出,加速踏板开度均值 OWAP_Mean 随着愤怒强度的增大而增大,说明驾驶人愤怒强度越高,其踩踏油门的深度越大,但正常驾驶状态与低等愤怒驾驶状态下差别不明显;加速踏板开度标准差 OWAP_Std 随着愤怒强度的增大而明显增大,说明随着驾驶人愤怒强度的增大,加速踏板开度的波动越大,驾驶人对加速踏板的控制精度越低。从图 5-10 和图 5-11 可看出,加速踏板踩踏速度均值 PSAP_Mean 随着愤怒强度的增大而明显增大,而加速踏板踩踏速度标准差 PSAP_Std 仅在正常驾驶状态与愤怒驾驶状态之间存在明显差异,但各种愤怒驾驶状态之间差异不明显。以上踩踏加速踏板的深度与速度的变化,主要是由驾驶人在产生愤怒情绪后,其触觉感知能力下降且过于自信导致的,是驾驶人急于加速、精神激动亢奋的结果。方差分析结果显示,在显著性水平为 0.05 的条件下,OWAP_Std 和 PSAP_Mean 在不同愤怒强度之间存在显著性差异(见表 5-3),表明这两个指标随着愤怒强度的增大而显著增大。因此,OWAP_Std 和 PSAP_Mean 可作为区别四种愤怒强度的有效驾驶行为特征。

表 5-3   不同愤怒强度下的加速踏板操作行为方差分析结果

加速踏板指标	正常驾驶		低等愤怒驾驶		中等愤怒驾驶		高等愤怒驾驶		F 值	P 值
	均值	标准差	均值	标准差	均值	标准差	均值	标准差		
OWAP_Mean	0.282	0.0729	0.2953	0.0797	0.3475	0.0552	0.3897	0.0877	1.9263	0.094
OWAP_Std	0.0444	0.0228	0.0502	0.021	0.0595	0.0275	0.0683	0.0202	2.7328	0.036
PSAP_Mean	0.2678	0.0941	0.3585	0.1128	0.4992	0.1469	0.6165	0.2216	2.1459	0.042
PSAP_Std	0.3105	0.1637	0.4183	0.2117	0.4774	0.2475	0.4893	0.2296	1.7241	0.116

5.3   加速度与横摆角速度

5.3.1   加速度

1. 加速度直观分析

单位时间内速度变化的程度称为加速度,其大小或变化的快慢直接影响速度变化的缓急。所以，加速度是衡量车辆速度变化程度的重要指标，可反映驾驶人对车辆的纵向控制能力。某被试的一段含有不同驾驶愤怒强度的加速度信号如图 5-12 所示。由图 5-12 可看出，当驾驶人处于正常驾驶状态时，加速度的绝对值较小，且调节频率较快，而在愤怒驾驶状态下，加速度的绝对值较大，即变化范围较广，且调节频率较慢。这表明，随着驾驶人愤怒强度的增大，车辆加速度的波动幅度也增大，导致车辆运动的平顺性降低，即驾驶人对车辆的纵向控制能力降低。因此，车辆加速度可在一定程度上反映驾驶人的愤怒状态。

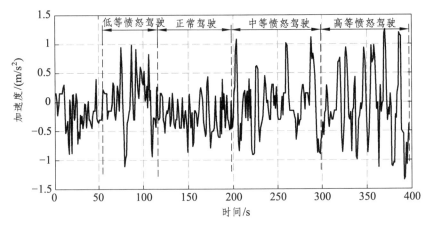

图 5-12　某被试在不同愤怒强度下的车辆加速度变化特性

2. 加速度统计分析

由实验数据记录可知，车辆的加速与减速分别用正、负数表示。为了便于研究纵向加速度幅值的变化特征，本书忽略加速度的方向，即只分析加速度的绝对值，并采用加速度绝对值均值 Acc_Mean 和加速度标准差 Acc_Std 来衡量被试在不同愤怒等级下加速度幅值的变化规律。并进一步对四种驾驶愤怒强度下的 Acc_Mean 和 Acc_Std 的分布规律进行统计，结果如图 5-13 和图 5-14 所示。从这两图可看出，加速度绝对值均值 Acc_Mean 随着愤怒强度的增大而增大，但中等愤怒强度与高等愤怒强度之间的差异没有正常与低等愤怒强度之间的差异显著。而加速度标准差 Acc_Std 随着愤怒强度的增大而显著增大。

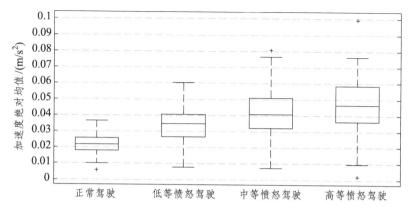

图 5-13 四种驾驶愤怒强度下的加速度绝对值均值 Acc_Mean 的分布规律

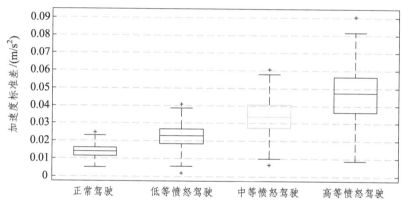

图 5-14 四种驾驶愤怒强度下的加速度标准差 Acc_Std 的分布规律

5.3.2 横摆角速度

1. 横摆角速度直观分析

近年来，智能手机的发展日趋成熟，普遍都配备了陀螺仪传感器和方向传感器以测量横摆角速度，而横摆角速度可用来衡量驾驶人对车辆的横向操纵稳定性，这也为基于智能手机的安全辅助驾驶系统提供了新的研究方向。本书实车实验中采集横摆角速度的智能手机配备了 MPU3050 三轴陀螺仪传感器，其中手机绕 Z 轴旋转的角速度为横摆角速度，并用惯导系统 RT2500 对该智能手机进行了标定校正。校正后一段含有某被试四种不同愤怒强度下的横摆角速度的信号，如图 5-15 所示。

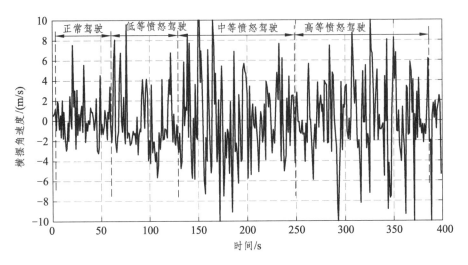

图 5-15　某被试在不同愤怒强度下的车辆横摆角速度变化特性

从图 5-15 可看出，当驾驶人处于正常驾驶状态时，车辆横摆角速度的变化范围较小，但变化频率较大，而在愤怒驾驶状态下，加速度的变化范围较大，但调节频率较小。这表明，随着驾驶人愤怒强度的增大，车辆横摆角速度的波动幅度也增大，导致车辆横向运动的稳定性降低，即驾驶人对车辆的横向控制能力降低。因此，车辆横摆角速度可在一定程度上反映驾驶人的愤怒状态。

2. 横摆角速度统计分析

为了便于研究横摆角速度幅值的变化特征，本部分忽略其方向，仅分析其绝对值，并采用横摆角速度绝对值均值 YR_Mean 和横摆角速度标准差 YR_Std 来衡量驾驶人在不同愤怒强度下的加速度幅值变化规律。并对四种愤怒强度下的 YR_Mean 和 YR_Std 的分布规律进行统计，结果如图 5-16 和图 5-17 所示。从这两图可看出，YR_Mean 随着愤怒强度的增大而增大，但中等愤怒强度与高等愤怒强度之间的差异并不明显；Acc_Std 随着愤怒强度的增大而明显增大。

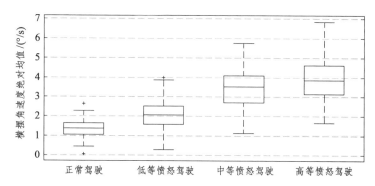

图 5-16　四种驾驶愤怒强度下的横摆角速度绝对值均值 YR_Mean 的分布规律

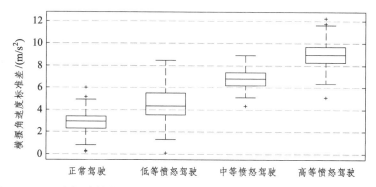

图 5-17　四种驾驶愤怒强度下的横摆角速度标准差 YR_Std 的分布规律

　　进一步对四种愤怒强度下的加速度绝对值均值 Acc_Mean、加速度标准差 Acc_Std、横摆角速度绝对值均值 YR_Mean 和横摆角速度标准差 YR_Std 等四个指标进行方差分析，结果如表 5-4 所示。从表 5-4 可看出，仅 Acc_Std 和 YR_Std 这两个指标在不同的驾驶愤怒强度之间存在显著性差异，且均随着愤怒强度的增大而增大。因此，Acc_Std 和 YR_Std 这两个指标可作为判别不同驾驶愤怒强度的特征指标。

表 5-4　不同愤怒强度下的加速度和横摆角速度绝对值均值和标准差方差分析结果

方向盘指标	正常驾驶		低等愤怒驾驶		中等愤怒驾驶		高等愤怒驾驶		F 值	P 值
	均值	标准差	均值	标准差	均值	标准差	均值	标准差		
Acc_Mean	0.022	0.006	0.035	0.011	0.043	0.015	0.047	0.017	2.994	0.126
Acc_Std	0.014	0.003	0.023	0.007	0.034	0.011	0.046	0.016	10.743	**0.037**
YR_Mean	1.338	0.397	2.072	0.710	3.444	0.917	3.865	1.023	3.826	0.093
YR_Std	2.857	0.914	4.364	1.482	6.765	0.924	8.964	1.107	13.226	**0.025**

5.4　车头时距

　　跟驰行为（car following behavior）是衡量驾驶人纵向操作绩效与风险的重要指标，对交通效率与交通安全都有较大的影响。而当驾驶人产生愤怒情绪时，其跟驰行为会受到一定程度的影响：一方面，驾驶人由于情绪的波动对跟随的前车的运动状态往往判断不准；另一方面，驾驶人可能会急于发泄自己的负面情绪如愤怒情绪以及对自己应急反应能力的过于自信，故意与前车保持较小的距离，低估了潜在的追尾风险，而追尾碰撞往往就是由于不合适的跟车距离导致的。

　　目前，评价追尾碰撞的安全指标主要有车头时距（time headway，THW）[150]、车头间距（distance headway，DHW）[151]、碰撞前时间（time-to-collision，TTC）[151]。THW 或 DHW 越小，表明潜在的危险（potential danger）越大；而 TTC 越小，表明真实的风险（actual danger）越大[152]。相关研究结果表明，发生交通事故的驾驶人的车头时距或间距往往比没有发生交通事故的小[153]。因此，如果驾驶人在愤怒情绪下的跟车间距小于安全跟车间距，其发生碰撞的风险将比中性情绪即正常驾驶状态下大。

5.4.1　车头时距直观分析

　　为了验证驾驶人在愤怒情绪下的车头时距的变化规律，本部分对实车实验过程中采集的 30 名被试的车头时距进行了统计分析。由于该指标由 Mobileye C2-270 系统采集，其原始信号是 16 位 16 进制字符串，如 2160FA000021A005，不能用来直接分析，须先采用 Mobileye C2-270 系统标准 CAN 输出数据 700 协议进行解析而获得以十进制数表示的车头时距信息。如解析后某被试一段约 200 s 的车头时距信息如图 5-18 所示。

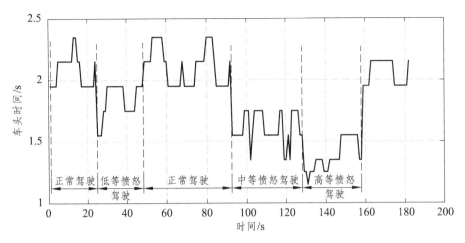

图 5-18　某被试四种愤怒强度下的车头时距变化

从图 5-18 可看出，在这时间段内，该被试经历了四种不同愤怒强度的情绪变化。在正常驾驶状态、低等愤怒驾驶状态、中等愤怒驾驶状态与高等愤怒驾驶状态下，该被试车头时距的变化范围分别为 1.95 ~ 2.35 s、1.54 ~ 1.95 s、1.36 ~ 1.54 s 与 1.16 ~ 1.36 s，即在正常驾驶状态下的车头时距最大，而且随着愤怒强度的增大，车头时距逐渐减小；在高等愤怒强度下的车头时距最小，甚至只有 1.16 s，远低于一般驾驶人的反应时间 1.5s，具有较大的碰撞风险。

5.4.2　车头时距统计分析

为了更准确地获得不同愤怒强度下跟车行为的变化规律，对 30 名被试在各种愤怒强度下的车头时距进行了统计分析，从而获得车头时距平均值（THW_Mean）与标准差（THW_Std）的分布规律，如图 5-19 和图 5-20 所示。从图 5-19 和图 5-20 可看出，车头时距平均值 THW_Mean 随着愤怒强度的增大而减小，说明驾驶人的愤怒强度越高，其跟随前车的趋势越强烈；而且愤怒强度越高，标准差 THW_Mean 越大，说明其跟随前车的稳定性越差。关于车头时距标准差 THW_Std，它也随着愤怒强度的增大而增大，说明随着驾驶人愤怒强度的增大，车头时距的波动越大，驾驶人对前车跟随距离的控制精度越低。但正常驾驶、低等愤怒驾驶与中等愤怒驾驶这三者之间的差异不是很明显。

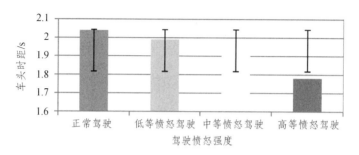

图 5-19　车头时距均值 THW_Mean 的分布

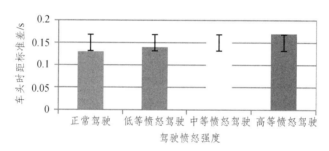

图 5-20　车头时距标准差 THW_Std 的分布

　　为了进一步检验不同愤怒强度下的 THW_Mean 和 THW_Std 是否具有显著性差异，分别针对这两个指标进行方差分析，即对这两个指标在各种愤怒强度下的值进行 post-hoc-tests 检验，结果如表 5-5 和表 5-6 所示。统计结果显示，愤怒强度并不能显著影响 THW_Mean 和 THW_Std，统计参数分别为 $F(3.198) = 12.51$，$P = 0.226 > 0.05$。虽然 THW_Mean 随着愤怒强度的增大而减小，但只有正常驾驶状态与高等愤怒驾驶状态（$P = 0.036 < 0.05$）以及低等愤怒驾驶与高等愤怒驾驶状态（$P = 0.044 < 0.05$）这两组之间存在显著性差异，而其余愤怒组之间并无显著性差异。而 THW_std 随着愤怒强度的增大而增大，但增大的幅度都不大，即任何两组之间都不存在显著性差异。因此，THW_Mean 和 THW_Std 均不能作为区别四种愤怒强度的有效驾驶行为特征。

表 5-5　车头时距均值 THW_Mean 的方差分析结果

（I）愤怒强度（J）愤怒强度		均值差（I-J）	标准差	显著性	95%置信区间	
					下限	上限
非愤怒	低等	0.05	0.021 75	0.217	0.017 4	0.132 6
	中等	0.13	0.006 204	0.314	0.023 5	0.423 7
	高等	0.26	0.049 428	**0.036**	0.081 5	0.513 8
低等	中等	0.08	0.015 906	0.138	0.021 9	0.292 4
	高等	0.21	0.009 732	**0.044**	0.070 5	0.472 6
中等	高等	0.13	0.049 878	0.216	0.027 4	0.462 1

表 5-6　车头时距标准差 THW_Std 的方差分析结果

（I）愤怒强度（J）愤怒强度		均值差（I-J）	标准差	显著性	95%置信区间	
					下限	上限
非愤怒	低等	−0.01	0.018 125	0.439	−0.051 7	−0.002 6
	中等	−0.03	0.005 17	0.314	−0.086 2	−0.003 7
	高等	−0.04	0.041 19	0.078	−0.093 5	−0.012 8
低等	中等	−0.02	0.013 255	0.225	−0.081 3	−0.001 3
	高等	−0.03	0.008 11	0.083	−0.087 3	−0.003 1
中等	高等	−0.01	0.041 565	0.192	−0.057 4	−0.003 2

5.5　车道偏离

5.5.1　车道偏离直观分析

本书运用 Mobileye C2-270 系统采集车道位置信息。由于采集的原始信号是 16 位 16 进制字符串，须先采用 Mobileye C2-270 系统标准 CAN 输出数据 669 协议进行解析后才能得到以十进制数表示的车道位置信息。将车辆中轴线作为车辆车道位置的参考点，该设备采集的车道位置信息包括车辆中轴线距道路左边线的距离（disctance to left，DL）以及车辆中轴线距道路右边线的距离（disctance to right，DR）。因实验路线所在车道宽度为 3.75 m，所以 DL 与 DR 之和为 3.75 m，如图 5-21 所示。

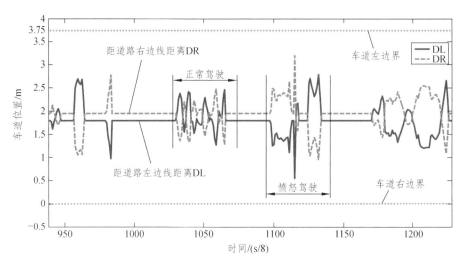

图 5-21　车道位置信息说明示意图

DL 或 DR 的均值统称为车道位置均值（mean lane position，LP_Mean）。除了 LP_Mean 这一指标可以衡量驾驶人的车道保持能力，另一广泛采用的指标是车道位置偏差，即车道偏离标准差（standard deviation of lateral position，LP_Std），计算公式为

$$LP\_Std = \sqrt{\frac{\sum_{i=1}^{n}(d_i - d_{avg})^2}{n}} \tag{5-8}$$

式中 d_{avg} 为统计时间内的车道位置平均值；d_i 为第 i 个采样时刻的车道位置；n 为统计样本数。若 LP_Std 变大了，说明被试围绕某理想行车路线如车道中线的波动范围增大了，如图 5-22 所示，因此，本部分使用 LP_Mean（DR）和 LP_Std 这两项指标作为评价驾驶人在不同愤怒强度状态下的车道保持能力参数。如某被试在正常驾驶状态与愤怒驾驶状态下的车道位置变化如图 5-21 所示，则从该图可看出，愤怒情绪使得驾驶人的车道位置标准差比正常驾驶状态下大，即驾驶人在愤怒情绪下的车道保持能力较正常驾驶状态下差。

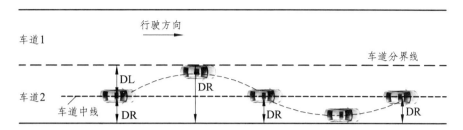

图 5-22　车道位置标准差 LP_Std 示意图

5.5.2　车道偏离统计分析

运用重复测量方差分析，对 LP_Mean 和 LP_Std 这两项指标进行统计分析，以对比驾驶人在正常、低等愤怒、中等愤怒、高等愤怒等四种驾驶状态下的特征。这两项指标在各驾驶状态下的均值如图 5-23 与 5-24 所示。

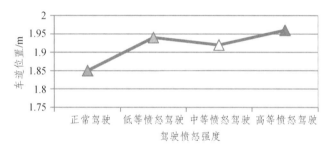

图 5-23　车道位置均值 LP_Mean 的总体均值变化

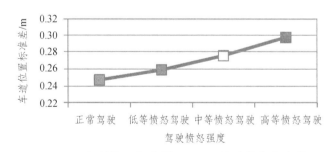

图 5-24　车道位置标准差 LP_Std 的总体均值变化

在分析中，首先以正常驾驶状态为对照组，以三种强度的愤怒状态下的驾驶行为特征为实验组，运用单因素方差分析 ANOVA 方法对比两

种状态下的主效应。显著分析结果分别为

$$LP\_Mean: F(1.29) = 6.372, P = 0.032 < 0.05$$

$$LP\_Std: F(1.29) = 9.253, P = 0.022 < 0.05$$

这说明愤怒驾驶时的车道位置均值 LP_Mean 和车道位置标准差 LP_Std 均显著高于正常驾驶。由于道路中心线的位置距右侧车道线的距离为 1.875m，图 5-23 表明，驾驶人在正常驾驶状态下的 LP_Mean 均值为 1.85 m，即驾驶人具有偏右驾驶的特点，而当其愤怒后，LP_Mean 均值大于 1.875 m，表明驾驶人在产生愤怒情绪后，具有偏左行驾驶的特点。其原因可能是愤怒情绪使驾驶人具有从左侧超车的倾向。图 5-24 表明，驾驶人在产生愤怒情绪后，其车道位置的波动幅度明显较正常驾驶状态下大，即愤怒情绪使得驾驶人对车辆的横向控制能力下降了。

为了进一步分析 LP_Mean 与 LP_Std 在不同愤怒强度之间是否存在显著性差异，我们对这两项指标进行重复测量方差分析。结果表明：

$$LP\_Mean: F(3.29) = 6.577, P = 0.624 > 0.05$$

$$LP\_Std: F(3.29) = 10.684, P = 0.032 < 0.05$$

即组间主效应分析表明，LP_Mean 不会受到愤怒强度的显著影响，而 LP_Std 则会受到愤怒强度的显著影响（见图 5-24），而且随着愤怒强度的增大而显著增大。这表明，驾驶人的愤怒强度越大，其车道位置的波动幅度越大，即车道保持能力越弱，潜在的碰撞风险越大。因此，LP_Std 可作为区别四种愤怒强度的有效驾驶行为特征。

5.6 小结

本章研究了正常、低等愤怒、中等愤怒与高等愤怒等四种驾驶状态下的操作行为以及车辆运动行为等驾驶行为指标的波动幅度、速度与频度特征。这些驾驶行为包括方向盘转角、加速踏板开度与踩踏速度以及车头时距、车道偏离、加速度和横摆角速度等。基于统计学的方法对这些驾驶行为时间序列信息中的愤怒特征进行深度挖掘，并采用方差分析的方法量化不同驾驶愤怒强度下的驾驶行为特征参数之间的显著性差异水平。基于方差分析的结果，最终选择九个驾驶行为特征指标参数：方向盘转角标准差 SWA_Std、方向盘转角下四分位值均值 SWAQ1_Mean、方向盘转角上四分位值均值 SWAQ3_Mean、方向盘转角信号的第 1 层小波细节系数标准差（SWA_WDC1_Std）、加速踏板开度标准差 OWAP_Std、加速踏板踩踏速度均值 PSAP_Mean、加速度标准差 Acc_Std、横摆角速度标准差 YR_Std 以及车道位置标准差 LP_Std。

<<<<< 第 6 章

驾驶愤怒状态识别模型研究

作为一种较为复杂的生理与心理行为，愤怒情绪会使驾驶人在各种外界刺激下表现出较强的不确定性，这种不确定性会体现在驾驶人的生理特征与驾驶行为特征方面，其中，驾驶行为特征包括驾驶操作行为与车辆运动状态特征。因此，基于生理特征和驾驶行为特征的愤怒状态识别，本质上是通过外化的表征来对内在的愤怒状态进行的一种反演。但是特征参数不仅具有隐匿性，而且对驾驶愤怒状态的有效识别至关重要，因此，对特征参数的选择优化是有效检测驾驶愤怒状态过程中拟解决的关键问题之一。本章以序列浮动前向选择 SFFS 算法为搜索策略，以搭建的 LSSVM 多分类器的分类正确率为 SFFS 特征选择算法的评价准则，利用该算法对驾驶愤怒有效特征参数全集进行选择优化，以建立最优特征子集。考虑到驾驶人个体特征与驾驶环境因素对愤怒情绪的重要诱导作用，我们在最优外在特征子集的基础上融入驾驶人的个体特征与环境特征，以建立基于置信规则库（BRB）的驾驶愤怒状态识别模型，并将该模型的识别效果与几种常用的分类模型进行对比分析。最后，为了提高识别模型的泛化能力，提出了一种驾驶愤怒状态自适应识别方法。

6.1 驾驶愤怒特征参数选择优化

6.1.1 愤怒特征参数全集

我们在第 4 章和第 5 章采用方差分析方法分别对正常驾驶、低强度愤怒驾驶、中强度愤怒驾驶与高强度愤怒驾驶状态下的生理与驾驶行为特征参数差异的显著度进行了深入的统计分析。根据统计分析结果，初步选取的生理特征参数包括 BVP，ECG_SampEn，EEG_θ% 和 EEG_β% 等。对于驾驶行为特征参数，可将其分为驾驶操作行为与车辆运动状态特征参数。其中，基于方差分析初步选取的驾驶操作行为特征参数包括 SWA_Std，SWAQ1_Mean，PSAP_Mean，SWA_WDC1_Std，OWAP_Std 和 SWAQ3_Mean；初步选取的车辆运动状态特征参数包括 Acc_Std，YR_Std 与 LP_Std。各项特征参数的具体含义如表 6-1 所示。

表 6-1　驾驶愤怒生理特征与驾驶行为特征含义描述

编号	特征参数	含义	编号	特征参数	含义
1	BVP	血流量脉冲	8	SWA_Std	方向盘转角标准差
2	ECG_SampEn	心电信号样本熵	9	SWAQ1_Mean	方向盘转角下四分位值均值
3	EEG_θ%	θ脑电波相对功率谱	10	SWAQ3_Mean	方向盘转角上四分位值均值
4	EEG_β%	β脑电波相对功率谱	11	SWA_WDC1_Std	方向盘转角第 1 层小波细节系数标准差
5	Acc_Std	加速度标准差	12	PSAP_Mean	加速踏板踩踏速度均值
6	YR_Std	横摆角速度标准差	13	OWAP_Std	加速踏板开度标准差
7	LP_Std	车道位置标准差			

6.1.2　特征选择算法 SFFS

1. 特征重要度排序算法

为了选择与驾驶愤怒强度相关性大的特征参数，须对特征重要度进行排序。目前，在特征重要度排序方法中，互信息（mutual information，MI）是使用较为广泛的方法[154]。在互信息计算的过程中，涉及信息熵、条件信息熵等基本信息度量理论。令 $X = \{X_1, X_2, \cdots, X_n\}$，是一组有限离散变量集合，那么 X 的信息熵（information entropy）表示如下：

$$H(X) = -\sum_{x \in X} p(x) \log_2 p(x) \tag{6-1}$$

式中 x 是变量集中的元素，$p(x)$ 是 x 出现的概率分布。假设存在两组有限离散随机变量集：$X = \{X_1, X_2, \cdots, X_n\}$ 和 $Y = \{Y_1, Y_2, \cdots, Y_n\}$，那么 X 对 Y 的条件信息熵定义为在给定 Y 的情况下 X 的不确定度，如公式（6-2）所示：

$$H(X|Y) = -\sum_{y \in Y} p(y) \sum_{x \in X} p(x|y) \log_2(x|y) \qquad (6\text{-}2)$$

信息熵和条件信息熵之间的关系如公式（6-3）所示：

$$H(X;Y) = H(X) + H(Y|X) \qquad (6\text{-}3)$$

联合互信息（joint mutual information，JMI），即互信息，表示两个随机变量集之间的相关性程度。例如，随机变量集 X 和 Y 之间的互信息可用公式（6-4）计算：

$$I(X,Y) = \sum_{x \in X} \sum_{y \in Y} p(xy) \log_2 \frac{p(xy)}{p(x)p(y)} \qquad (6\text{-}4)$$

依据 MI 的定义，随机变量 X 与 Y 之间的相关性越强，$I(X,Y)$ 的值越大；相反，随机变量 X 与 Y 之间的相关性越弱，$I(X,Y)$ 的值越小。MI 是一个对称度量，即

$$I(X,Y) = I(Y,X)$$

特别地，如果 X 与 Y 相互独立，那么

$$I(X,Y) = 0$$

MI 可用信息熵表示：

$$I(X;Y) = H(X) - H(X|Y) \qquad (6\text{-}5)$$

经过对驾驶愤怒状态以及特征参数全集中每个特征指标互信息的计算，可得到各特征指标的相对重要度，如图 6-1 所示。从图 6-1 可看出，生理指标对驾驶愤怒状态检测的重要度明显比驾驶行为与车辆运动特征高；这表明生理指标由于其具有自发性以及很难被人为控制等特点，因而更能客观真实地反映驾驶人情绪的变化。从图 6-1 可看出，第四个特征指标即 EEG_β% 的重要度最高，其次是第三个特征指标即 EEG_θ%。但通过第 4.4.3 节的介绍可知，θ 与 β 脑电波的相对小波功率随着驾驶愤

怒强度的变化而呈现相反的变化趋势，因此，这两个特征指标在判别愤怒状态时具有一定程度的冗余性。其他驾驶行为特征指标之间也可能存在这种冗余性，因此，为了提高愤怒识别模型的检测效率与准确率，须尽量排除冗余度较大的特征指标。

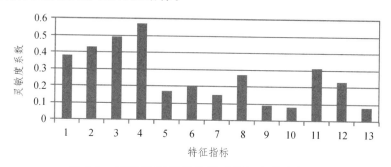

图 6-1　不同特征指标的相对重要度排序结果

2. SFFS 算法

互信息算法虽然能对不同的驾驶愤怒特征的重要度进行排序，但该算法不能有效解决不同特征之间的冗余与关联问题。另外，过多的驾驶愤怒特征参数会降低愤怒识别检测系统的分类性能，而且特征维数过高也会引发"维数灾难"，导致系统计算耗费更多的时间，影响系统识别检测的实时性。因此，为了对繁多、冗余、关联的愤怒特征参数进行优化降维，本书选用序列前向浮动选择（sequential forward floating selection，SFFS）算法。

SFFS 算法是目前较为主流的启发式搜索策略。SFFS 算法通过序列前向选择（sequential forward selection，SFS）和序列反向选择（sequential backward selection，SBS）这两个步骤实现其目标搜索[155]。SFS 与 SBS 分别确定指标选入准则和指标剔除准则，因此，SFFS 算法可基于这两个准则对指标全集进行优化筛选，从而选出近似最优的分类指标组合。本书以 SFFS 算法作为驾驶愤怒判别指标选入和去除的搜索策略，以 LS-SVM 算法的分类性能作为愤怒判别指标的评价准则，构建愤怒强度判别指标优化选择算法。本书建立的驾驶愤怒特征优化选择算法可表示为如下优化求解问题：

$$\max_{X}\{J(X)\} = \frac{n_x}{N_x}, x \in X \qquad (6\text{-}6)$$

$$\text{s.t. } X \in Y$$

式中 Y 为驾驶愤怒特征参数全集，X 为 Y 的非空子集；$J(X)$ 为准则函数，即驾驶愤怒状态识别模型的准确率；N_x 是测试样本个数，n_x 是测试样本中被愤怒驾驶识别模型正确识别的样本个数。

本书基于 SFFS 算法的驾驶愤怒特征子集选择方法是：首先，利用 SFFS 算法从驾驶愤怒特征全集 Y 中选出非空子集 X；其次，以 X 为输入变量，采用 LS-SVM 算法构建驾驶愤怒状态识别模型，再基于测试样本求得准则函数 $J(X)$ 的值；最后，选择使得 $J(X)$ 取得最大值的子集 X 作为驾驶愤怒状态识别模型的最优特征子集。因此，基于 SFFS 算法特征参数选入准则和剔除准则，对驾驶愤怒特征全集进行优化选择。

设驾驶愤怒特征参数全集为 $Y = \{y_i = 1, 2, \cdots, D\}$，假设有 k 个特征参数已被选出组成集合 X_k。

其特征指标选入准则是：从集合 Y–X_k 中选入指标 x_{k+1}，使选入 x_{k+1} 后的准则函数 $J(X_{k+1})$ 的取值最大，即满足公式（6-7）：

$$J(X_{k+1}) = \max_{1 \leqslant i \leqslant D-k}\{J(X_k + x_i)\}, \quad x_i \in Y - X_k \qquad (6\text{-}7)$$

特征指标剔除准则是：从已选的指标参数集合 X_k 中剔除指标 x_m，使得剔除指标 x_m 后的准则函数 $J(X'_{k-1})$ 的取值最大，即满足公式（6-8）：

$$J(X'_{k-1}) = \max_{1 \leqslant i \leqslant k}\{J(X_k - x_m)\}, \quad x_m \in X_k \qquad (6\text{-}8)$$

基于特征指标选入准则和剔除准则，SFFS 算法的搜索策略为：首先从空集开始，在未选用的特征指标集中选择子集 Z，使得加入子集 Z 后的准则函数值更大；然后，在已选用的特征指标集中选择子集 S，使得剔除子集 S 后的准则函数值更大；依此循环，直到选出的子集 X 使得准则函数 $J(X)$ 的取值最大[156]。

3. 特征选择算法 SFFS 的实现流程

本书基于 SFFS 算法的搜索策略，从驾驶愤怒特征判别指标全集

$Y = \{y_i = 1, 2, \cdots, D\}$ 中选择愤怒特征判别指标子集 X_k；然后，以 X_k 为输入，采用十折交叉验证法训练并测试基于 LSSVM 的驾驶人愤怒状态识别模型，将模型测试结果作为准则函数值 $J(X_k)$。以 $J(X_k)$ 的最大值为目标，从驾驶愤怒状态判别指标全集中选择出使 $J(X_k)$ 取得最大值的优化特征指标子集。上述特征指标选择算法的实现流程如图 6-2 所示。

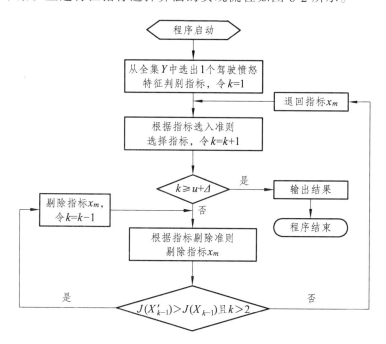

图 6-2　SFFS 特征选择算法的程序流程图

根据 SFFS 算法的实现流程图可看出，该算法从空集开始，先从驾驶愤怒特征判别指标全集中随机选出 1 个指标，且令 $k=1$，然后按如下步骤进行特征指标筛选：

步骤一（特征指标选入）：根据特征指标选入准则，从特征集合 $Y - X_k$ 中选择指标 x_{k+1}，构建指标集合 X_{k+1}，即

$$X_{k+1} = X_k + x_{k+1}$$

保存变量 X_{k+1} 和 $J(X_{k+1})$，并令 $k = k+1$。

步骤二（流程终止判别）：若 $k \geq u + \Delta$，则按公式（6-9）：

$$J(X_d) = \max_{2 \leqslant i \leqslant u} \left\{ J(X_i) \right\} \qquad (6\text{-}9)$$

求得选择结果，输出结果 X_d 和 $J(X_d)$，退出程序流程，否则程序进入步骤三。

步骤三（特征指标剔除）：根据特征指标剔除准则，从已选的驾驶愤怒特征判别指标集合 X_k 中选择指标 x_m，构建指标集合 X'_{k-1}，即

$$X'_{k-1} = X_k - x_m$$

并计算 $J(X'_{k-1})$。若

$$J(X'_{k-1}) > J(X_{k-1}) \text{ 或 } k \leqslant 2$$

则退回指标 x_m，并返回步骤一；若

$$J(X'_{k-1}) < J(X_{k-1}) \text{ 且 } k > 2$$

则采用 X'_{k-1} 更新 X_{k-1}，采用 $J(X'_{k-1})$ 更新 $J(X_{k-1})$，且令 $k = k-1$，然后重复步骤三。

注意：在步骤二中，u 是控制输出特征指标子集维数的约束变量；变量 Δ 是动态松弛项，该变量可避免 SFFS 算法程序在第一次优化选出 u 维驾驶愤怒特征判别指标子集时就终止，变量 Δ 的取值范围采用如下启发式规则确定：

$$\Delta = \max v \begin{cases} u + v < D \\ v < l \end{cases} \qquad (6\text{-}10)$$

式中 l 是在第一次优化选择出 u 维特征指标子集之前，SFFS 算法程序重复指标剔除的经验次数。满足终止条件后，算法程序从存储的 $J(X_i)$ $(i \in (2, u))$ 中搜索出 $J(X)$ 的最大值 $J(X_d)$ 对应的特征指标子集，并将其作为特征指标选择优化结果输出，该结果可在一定程度上使基于最优特征指标子集的驾驶人愤怒状态识别模型的准确率最高。

6.1.3　LSSVM 多分类器

1. LSSVM 介绍

支持向量机（SVM）是由 Vapnik 等人基于统计学 VC 维理论和结构

风险最小原理建立的一种机器学习方法[157]。该方法依据有限的样本信息，可在模型的学习能力和复杂性之间寻求较好的平衡，能较好地解决非线性、小样本、高维数与局部极小点等问题[158]。近年来，SVM 已被广泛应用于分类与回归问题，被很多学者认为是一种较好的分类方法，其分类精度一般超过神经网络与决策树等分类方法[159]。

SVM 模型的训练数据样本可描述为 $\{x_i, y_i\}$（$x_i = 1, 2, \cdots, q, y_i \in \{-1, 1\}$），其中 x_i 是样本的特征，y_i 是样本所属的类别。求解 SVM 模型的目的就是寻找区分两种样本类别的最佳分类超平面。超平面表达为公式（6-11）：

$$\boldsymbol{\omega} \cdot \boldsymbol{x} + b = 0 \qquad (6\text{-}11)$$

式中 $\boldsymbol{\omega}$ 是超平面的法向量，$\boldsymbol{x}$ 为超平面的一个点，b 是偏离常数。图 6-3 为 SVM 模型示意图。SVM 可通过合适的核函数将原始空间里线性不可分的输入向量映射到高维空间，进而在高维空间里求解最优分类超平面。

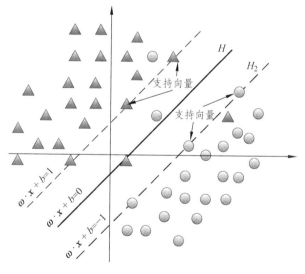

图 6-3　SVM 分类示意图

为了避免求解 SVM 模型中较为耗时的二次规划问题，Suykens 等人改进了标准的 SVM 模型，提出了最小二乘支持向量机模型（least square support vector machine，LSSVM）。LSSVM 模型中，以等式约束条件替代标准 SVM 模型中的不等式约束条件，提高了模型的求解速度和收敛精度[160]。

假设某样本集 $(\boldsymbol{x}_i, y_i)(i=1,2,\cdots,k)$，$\boldsymbol{x}_i \in \mathbf{R}^n$ 为 LSSVM 模型输入数据，$y_i \in \mathbf{R}$ 为 LSSVM 模型输出数据，则 LSSVM 模型对该样本集拟合的函数形式为

$$y(\boldsymbol{x}) = \boldsymbol{\omega}^{\mathrm{T}} \psi(\boldsymbol{x}) + b \tag{6-12}$$

式中 $\psi(\boldsymbol{x}): \mathbf{R}^n \to \mathbf{R}^{nh}$ 为一种将原始输入向量映射到高维特征空间的非线性函数，权向量 $\boldsymbol{\omega} \in \mathbf{R}^{nh}$，偏置量 $b \in \mathbf{R}$。

为了求解拟合函数 $y(\boldsymbol{x})$，定义如下目标函数：

$$\min J(\boldsymbol{\omega}, \xi_i) = \frac{1}{2}\boldsymbol{\omega}^{\mathrm{T}}\boldsymbol{\omega} + \frac{\lambda}{2}\sum_{i=1}^{k}\xi_i^2 \tag{6-13}$$
$$\text{s.t. } y_i = \boldsymbol{\omega}^{\mathrm{T}}\psi(\boldsymbol{x}_i) + b + \xi_i$$

式中 λ 为惩罚系数，$\lambda \in \mathbf{R}^+$，ξ_i 为松弛变量，构建拉格朗日函数：

$$L(\boldsymbol{\omega}, b, \xi_i, \boldsymbol{\beta}) = \frac{1}{2}\boldsymbol{\omega}^{\mathrm{T}}\boldsymbol{\omega} + \frac{\lambda}{2}\sum_{i=1}^{k}\xi_i^2 - \sum_{i=1}^{k}\beta_i[\boldsymbol{\omega}^{\mathrm{T}}\psi(\boldsymbol{x}_i) + b + \xi_i - y_i] \tag{6-14}$$

式中 β_i 为拉格朗日乘子。

根据 Karush-Kuhn-Tucker（KKT）条件有：

$$\begin{cases} \dfrac{\partial L(\boldsymbol{\omega}, b, \xi_i, \boldsymbol{\beta})}{\partial \boldsymbol{\omega}} = \boldsymbol{0} \Rightarrow \boldsymbol{\omega} = \sum_{i=1}^{k}\beta_i\psi(\boldsymbol{x}_i) \\[2mm] \dfrac{\partial L(\boldsymbol{\omega}, b, \xi_i, \boldsymbol{\beta})}{\partial b} = 0 \Rightarrow b = \sum_{i=1}^{k}\beta_i = 0 \\[2mm] \dfrac{\partial L(\boldsymbol{\omega}, b, \xi_i, \boldsymbol{\beta})}{\partial \xi_i} = 0 \Rightarrow \beta_i = \lambda \cdot \xi_i \\[2mm] \dfrac{\partial L(\boldsymbol{\omega}, b, \xi_i, \boldsymbol{\beta})}{\partial \beta_i} = 0 \Rightarrow \boldsymbol{\omega}^{\mathrm{T}}\psi(\boldsymbol{x}_i) + b + \xi_i - y_i = 0 \end{cases} \tag{6-15}$$

通过代入消元法消去 $\boldsymbol{\omega}$ 和 ξ_i，可得到目标函数优化问题的解析解：

$$\begin{bmatrix} b \\ \boldsymbol{\beta} \end{bmatrix} = \begin{bmatrix} 0 & \mathbf{1}^{\mathrm{T}} \\ \mathbf{1} & \boldsymbol{K} + \lambda^{-1}\boldsymbol{I} \end{bmatrix}^{-1} \begin{bmatrix} 0 \\ \boldsymbol{y} \end{bmatrix} \tag{6-16}$$

式中 $\boldsymbol{\beta} = [\beta_1, \beta_2, \cdots, \beta_k]^{\mathrm{T}}$，$\mathbf{1} = [1, 1, \cdots, 1]^{\mathrm{T}}$，方阵 $\boldsymbol{K}$ 满足如下条件：

$$K_{ij} = \psi(\boldsymbol{x}_i)^{\mathrm{T}}\psi(\boldsymbol{x}_j)，i, j = 1, 2, \cdots, k \tag{6-17}$$

故求得的最小二乘模型为

$$y(\boldsymbol{x}) = \sum_{i=1}^{k} \beta_i \boldsymbol{K}(\boldsymbol{x}, \boldsymbol{x}_i) + b \qquad (6\text{-}18)$$

式中 $\boldsymbol{K}(\boldsymbol{x}, \boldsymbol{x}_i)$ 为最小二乘支持向量机的核函数，是满足 Mercer 条件的任意对称函数。

常用的核函数有线性核、多项式核、S 型曲线核和高斯核。而高斯核函数，又称为径向基核函数 RBF，具有较好的统计能力。因此，本节选用高斯核函数，用如下式子表达：

$$\boldsymbol{K}(\boldsymbol{x}, \boldsymbol{x}_i) = \exp\left[-\frac{\|\boldsymbol{x} - \boldsymbol{x}_i\|^2}{2g^2}\right] \qquad (6\text{-}19)$$

式中 $\boldsymbol{x}$ 与 $\boldsymbol{x}_i$ 分别是原始特征空间 $\mathbf{R}^n$ 的输入数据与高维特征空间 $\mathbf{R}^{nh}$ 的输入数据，g 为 RBF 核函数的半径。

2. 参数优化

如上部分所示，核参数 g 与惩罚系数 λ 是 LSSVM 模型的两个重要参数，能显著影响模型分类的准确率。为了提高模型分类的准确率，本部分运用粒子群优化（particle swarm optimization，PSO）算法对这两个模型的参数进行优化。PSO 算法由 Kennedy[161]等人在 1995 年首先提出，是一种基于种群的随机优化方法，即通过种群内个体之间的竞争与合作来完成优化求解。这种算法具有精度高、收敛快且实现容易等优点，逐渐在实际问题的解决过程中展示了其优越性。

关于 PSO 算法，其核心思想是通过所有粒子在追随当前已寻找到的最优值的过程中来搜索其全局最优值。假设 PSO 算法的潜在解为一群粒子，在算法初始化时，每个粒子都被赋予一个随机的速度和位置，并在一定的维度空间里移动。对于每个粒子，其目标是到达一个最佳位置点，而且所有粒子均记录其到达的最佳位置点。例如，第 i 个粒子到达的最佳位置点记为 PL_i，而在所有 PL_i 中最佳的位置被定义为全局最优值，记为 PG。每个粒子在一定维度的搜索空间内以某一速度移动，此速度可依据其自身的移动经验和周围同伴的移动经验来动态调整其下一步的移动方向和大小，其迭代示意图如图 6-4 所示。

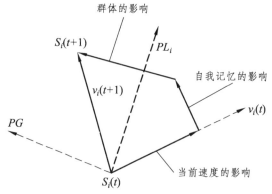

图 6-4　PSO 算法原理示意图

在每一次的更新过程中，每个粒子的速度和位置按公式（6-20）和（6-21）进行迭代：

$$v_i(t+1) = v_i(t) + \mu_{1i}(PL_i - S_i(t)) + \mu_{2i}(PG - S_i(t)) \tag{6-20}$$

$$S_i(t+1) = S_i(t) + v_i(t+1) \tag{6-21}$$

式中 i 为粒子序号，t 为时间序号；v_i 是第 i 个粒子的速度，S_i 是第 i 个粒子的位置；PL_i 为第 i 个粒子能达到的最优位置，PG 是全部粒子发现的最优位置；μ_{1i} 和 μ_{2i} 为 0 与 1 之间的随机数。依据本书实验数据特点，第 i 个粒子的移动速度可转化成公式（6-22）：

$$v_i(t+1) = \tau(t)v_i(t) + \gamma_1[\mu_{1i}(PL_i - S_i(t))] + \gamma_2[\mu_{2i}(PG - S_i(t))] \tag{6-22}$$

式中 $\tau(t)$ 为惯性函数，γ_1 和 γ_2 为第 i 个粒子 t 时刻的加速度。

3. 多分类方法

由上部分可知，标准的 LSSVM 分类器是一个 2 类分类器，而本书要处理的是多种驾驶愤怒强度的识别问题，因此，需要将 2 分类的 LSSVM 分类器推广到 M_0 类分类器。设训练集中样本所属类别 y_i 共有 M_0 个取值，即 $y_i \in \{1, 2, \cdots, M_0\}$，因此，通过构建多分类的 LSSVM 分类器即可求得其决策函数 $f(x)$，使得 $f(x)$ 能将所有样本划分为 M_0 类。

目前，基于 SVM 的多分类应用的实现常常基于组合编码或多目标优化[162-164]。由于多目标优化方法需要求解变量的个数较多，且求解步骤较为烦琐[163]，因此，本部分将采用组合编码方法，即构建多个 LSSVM 分类器，来实现多分类问题的求解。目前，有一对一编码、一对多编码、最小输出编码（minimal output coding，MOC）和纠错输出编码等常用组合编码方法。其中，MOC 方法只需要构造最少数目（N_1）的 2 分类 LSSVM 分类器就可实现对 M_0 类样本的分类。此外，MOC 方法具有计算量较小且较易实现等优点，本部分将采用该方法来求解 LSSVM 模型的多分类问题[163]。

在对 M_0 类样本进行分类时，针对每一类别 i，MOC 赋予其唯一的编码：

$$c_i = [y_{i1}, \cdots, y_{in}, \cdots, y_{iN_l}] \tag{6-23}$$

式中 $n = 1, 2, \cdots, N_l$；$y_{in} \in \{1, -1\}$，分别代表正类和负类，那么 MOC 的输出位数 N_l 可用公式（6-24）计算：

$$N_l = \left[\log_2 M_0\right] \tag{6-24}$$

式中 N_l 表示 MOC 方法需要建立的 2 分类 LSSVM 分类器的数目为大于或等于 $\log_2 M_0$ 的最小整数。N_l 个独立的 LSSVM 分类器的分类结果可组成 l 个码字 s_0，然后求解 s_0 与 M_0 个编码间的汉明距离（hamming distance，HD）[165]，具有最小 HD 的类可被认为拟测样本的类别。

6.1.4　最优特征子集

本书基于 SFFS 算法的搜索策略，并以 LSSVM 分类器的分类准确率作为 SFFS 算法的评价准则，对愤怒特征参数全集进行优化选择，选择结果如表 6-2 所示。其中，取自 BVP，ECG_SampEn，EEG_β%，LP_Std，SWA_Std 等九个驾驶愤怒特征参数组成驾驶人愤怒状态识别检测的最优特征子集（见表 6-2）。

表 6-2　驾驶愤怒状态识别的最优特征子集

特征参数	含义	特征参数	含义
BVP	血流量脉冲	LP_Std	车道位置标准差
ECG_SampEn	心电信号样本熵	SWA_Std	方向盘转角标准差
EEG_β%	β 脑电波相对功率谱	SWA_WDC1_Std	方向盘转角第 1 层小波细节系数标准差
Acc_Std	加速度标准差	PSAP_Mean	加速踏板踩踏速度均值
YR_Std	横摆角速度标准差		

6.1.5 双时间窗指标提取方法

统计时间窗对特征指标的取值有重要影响作用：时间窗过大，会导致特征值由于时间的平均作用而削弱其"特征"作用；时间窗过小，会导致不能准确反映其变化规律，且计算负荷增大。因此，合理选择时间窗对特征值的准确性至关重要。

例如，通过对方向盘操作信号进行分析后发现，被试在中性情绪下会频繁且小幅度地修正方向盘，然而，他一旦产生愤怒情绪，就会由于认知失误（注意力分散）而导致其修正操作频度减少或者猛烈地、大幅度地修正方向盘。通过实车实验中被试的面部视频录像以及与被试进行访谈，发现被试的愤怒状态一般持续 15~75 s，而其间上述方向盘操作愤怒特征只会短暂地出现 1~2 次，每次持续时间一般在 5~30 s。图 6-5 显示了某被试在愤怒情绪下的方向盘操作特征。从图 6-5 可看出，被试在 $t1~t4$ 时间段为愤怒状态，但仅在 $t2~t3$ 时间段出现了 1 次大幅度地修正方向盘。

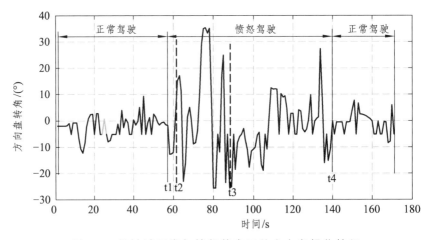

图 6-5　某被试正常与愤怒状态下的方向盘操作特征

为了有效提取愤怒情绪下的方向盘操作特征，本部分提出一种双时间窗优化方法，如图 6-6 所示。该方法设计两个时间窗，即父时间窗 $L1$ 和子时间窗 $L2$，其中，每个 $L1$ 包含多个 $L2$，且以 $L1$ 为判别驾驶愤怒状态的周期。图 6-5 表明，方向盘操作的愤怒特征一般只会短暂地出现，

若在整个时间段即 $L1$ 内提取方向盘转角标准差，则会因统计计算的平均作用降低该指标在愤怒状态下的显著性。因此，在父时间窗 $L1$ 内设置一个可以滑动的子时间窗 $L2$，并计算各个时刻下的子时间窗 $L2$ 内的方向盘转角标准差，并选取其最大值作为父时间窗 $L1$ 内的特征值，从而判断驾驶人的当前情绪状态。

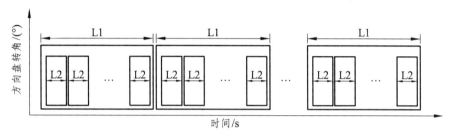

图 6-6　双时间窗指标提取示意图

很明显，父时间窗 $L1$ 和子时间窗 $L2$ 的长度会影响驾驶行为特征指标的判别效果。本书以愤怒驾驶状态识别率最大化为目标，对 $L1$ 和 $L2$ 的长度进行优化。将方差分析的 F 值最大化作为优化目标，即目标函数表达如下：

$$\max F = \frac{Std\_between}{Std\_in}$$

（6-25）

$$\text{s.t. } L1 > L2$$

其中 $Std\_between$ 为方向盘转角特征指标在各级愤怒状态间的标准差均值，Std_in 为方向盘转角特征指标在各级愤怒状态内的标准差均值。F 值越大，表明该特征指标对愤怒状态的分类能力越强。本书将父时间窗 $L1$ 的时间（单位：s）分别取为：

25，30，35，40，45，50，55，60，65，70，75，80，85，90，95，100，105，110，115，120

子时间窗 $L2$ 的时间（单位为 s）分别选取：

3，6，9，12，15，18，21，24

其 F 值的计算结果如图 6-7 所示。从图 6-7 可看出，双时间窗中父时间窗 $L1$ 为 60 s，子时间窗 $L2$ 为 9 s 是识别驾驶愤怒状态的最佳时间窗。

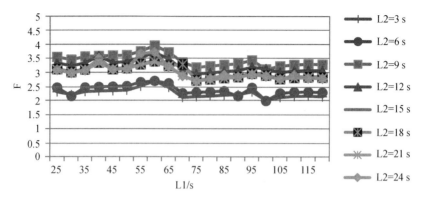

图 6-7　方向盘转角标准差的双时间窗优化结果

其他指标的最优时间窗可采用类似方法求得。

6.2　置信规则库推理的基本原理与方法

为了深入挖掘带有不确定性的定性或定量的输入指标信息，相关学者基于神经网络、支持向量机、贝叶斯网络、灰色理论与粗糙集等机器学习模型对驾驶人的疲劳、分神或酒后等危险驾驶状态进行了识别[166]。这些机器学习模型中，有的模型在输入变量参数选取或训练规则制订方面过于依赖自学习，或在权重分配与模型相关参数标定等方面与实际应用背景缺乏有效结合；有的模型的推理优化过程复杂冗长，导致模型封装能力较弱；有的模型则存在数据利用效率不高，且其精度严重依赖于输入样本的完备度，等等。因此，为了满足驾驶人状态检测系统对实时性的高要求，以及提高检测数据的利用效率，本书拟用人工智能决策领域中较新的置信规则库（belief rule base，BRB）推理方法来识别驾驶人的愤怒状态。

BRB 推理方法是在 D-S 证据理论、模糊理论、决策理论与经典的 IF-THEN 规则等基础上扩展改进而来的，它能有效处理带有模糊、不完整、不确定、非线性特征的主客观数据，并能对这些特征进行深度挖掘[167]。BRB 推理方法在驾驶人愤怒状态识别规则制订方面具有较强的适应性，便于写入驾驶人状态检测系统里[168]。该方法的执行过程包含两个步骤：知识的表达与推理。其中，知识的表达由 BRR 专家系统完成，即基于改进的 IF-THEN 规则；知识的推理则采用 D-S 证据推理方法，即将相关变量信息输入 BRB 推理模型后，激活相关置信规则，这些置信规则进一步由 D-S 证据推理方法进行组合，以求得模型的最终输出。具体求解过程如下。

6.2.1 置信规则库推理的基本原理

1. 基本置信结构

置信规则库（BRB）系统的基本置信结构通常用一个分布表示，可表示输入、输出变量的不确定性信息。

例如，第 k 条置信规则的基本结构如公式（6-26）所示：

$$R_k : \begin{cases} \text{If} : x_i \text{为} A_1^k \wedge x_2 \text{为} A_2^k \wedge \cdots \wedge x_{T_k} \text{为} A_{T_k}^k \\ \text{Then} : \{(D_1, \beta_{1,k}), (D_2, \beta_{2,k}), \cdots, (D_N, \beta_{N,k})\}, \left(\sum_{n=1}^{N} \beta_{n,k} \leqslant 1 \right) \\ \text{规则权重} \theta_k \\ \text{属性权重} \{\delta_{1,k}, \delta_{2,k}, \cdots, \delta_{T_k,k}, k \in \{1, 2, \cdots, L\}\} \end{cases} \quad (6\text{-}26)$$

如果第 $k(k = 1, 2, \cdots, L)$ 条规则是完整的，那么输出结果的置信度和为 1，否则小于 1，即

$$\sum_{j=1}^{N} \beta_{jk} \leqslant 1 \quad (6\text{-}27)$$

且 T 个前置属性的权重满足如下条件：

$$0 \leqslant \delta_i \leqslant 1 \text{ 且 } \sum_{i=1}^{T} \delta_i = 1 \quad (6\text{-}28)$$

式中 R_k 为 BRB 系统的第 k 条规则；$x_1, x_2, \cdots, x_{T_k}$ 为第 k 条规则的所有前置属性，即 BRB 模型的输入变量，这些前置属性的全集为 $X = \{x_i, i = 1, 2, \cdots, T_k\}$，任意 x_i 属于定义集 $A = \{A_1, \cdots, A_T\}$，向量 $A_i = \{A_{i,n}, i = 1, \cdots, N_i = |A_T|\}$ 为前置属性 x_i 的参考值集合。A_i^k 为第 k 条规则里第 i 个前置属性的参考值；T_k 为第 k 条规则里前置属性的个数。D_j 为第 k 条规则的输出单元的第 j 个评价结果的参考值；$\beta_{j,k}$ 为结果值 D_j 的置信度。L 为 BRB 规则的总个数；规则权重 θ_k 和前置属性权重 $\delta_{i,k}$ 一般通过专家评价获得初步值，再基于输

入变量和输出结果数据对 BRB 模型进行学习训练求得。基于上述所述即可构建一个 BRB 专家系统 $R = \langle X, A, D, F \rangle$。

2. BRB 系统的推理原理

BRB 系统的推理过程包含以下三个步骤：

（1）输入转化，即将不同的输入变量信息转化为置信度分布。

（2）激活权计算，即计算输入变量信息激活置信规则的程度。

（3）证据推理，即基于证据推理方法融合激活规则得到输出结果的置信度分布。

BRB 系统的基本推理结构如图 6-8 所示[169]。

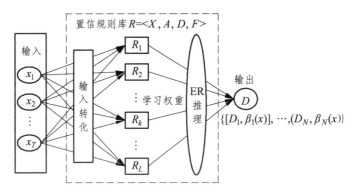

图 6-8　基本 BRB 系统推理原理示意图

6.2.2　置信规则库推理方法

1. 输入转化

假设 $H_{i,n}$ 为前置属性 x_i 的第 n 个估计状态，则属性 x_i 的置信度分布为

$$S(x_i) = \{(H_{i,n}, \alpha_{i,n}), n = 1, 2, \cdots, N_i\} \qquad （6\text{-}29）$$

式中 $\alpha_{i,n}$ 为前置属性 x_i 在估计状态 $H_{i,n}$ 下的置信度，且满足：

$$\alpha_{i,n} \geqslant 0, \ \sum_{n=1}^{N_i} \alpha_{i,n} \leqslant 1 \qquad （6\text{-}30）$$

如果 $\sum_{n=1}^{N_i} \alpha_{i,n} = 1$，则表示获得的信息是完整的；如果 $\sum_{n=1}^{N_i} \alpha_{i,n} < 1$，则表

示获得的信息是不完整的，可进一步通过 $\alpha_{i,n}$ 求得其规则的激活权。

输入转化就是将输入变量的值转化为相应前置属性各个参考值上的置信度的分布。设 $h_{i,n}(n=1,2,\cdots,N_i)$ 为前置属性变量 x_i 的第 n 个参考等级值，且 x_i 为最益型属性，即 $h_{i,n}$ 的下一个参考值 $h_{i,n+1}$ 设置得比 $h_{i,n}$ 大，且越大越好，即对输出结果的评判性越好。设在 x_i 的全部参考值中，最小值为 $h_{i,1}$，最大值为 h_{i,N_i}。依据式（6-30），对于前置属性 x_i 的某个输入值 h_i，有

$$S(x_i) = \{(h_{i,n}, \alpha_{i,n}), n = 1, 2, \cdots, N_i\} \qquad （6-31）$$

式中，若 $h_{i,n} \leqslant h_i \leqslant h_{i,n+1}$，则有

$$\alpha_{i,n} = \frac{h_{i,n+1} - h_i}{h_{i,n+1} - h_{i,n}} \qquad （6-32）$$

$$\alpha_{i,n+1} = 1 - \alpha_{i,n} \qquad （6-33）$$

而其他参考值的置信度则为 0，即 $\alpha_{i,m} = 0$，$m = 1, 2, \cdots, N_i$ 且 $m \neq n, n+1$。

若在参考值 $h_{i,n}$ 和 $h_{i,n+1}$ 的两端分别引入一个中间量，即 $h_{i,0} = h_{i,N_i}$，$h_{i,N_{i+1}} = h_{i,1}$，则 $\alpha_{i,n}$ 可转化为

$$\alpha_{i,n} = \min \left\{ \max \left(\frac{h_{i,n+1} - h_i}{h_{i,n+1} - h_{i,n}}, 0 \right), \max \left(\frac{h_i - h_{i,n-1}}{h_{i,n} - h_{i,n-1}}, 0 \right) \right\}, n = 1, 2, \cdots, N_i \qquad （6-34）$$

2. 激活权计算

由置信规则库的基本结构可知，当某条置信规则里所有前置属性都被激活后，才能激活该置信规则的输出结果。根据 6.2.3 节的输入变量转化后的置信度分布，第 k 条规则的激活程度 w_k 可表达如下[169]：

$$w_k = \frac{\theta_k \prod_{i=1}^{T_k} (\alpha_{i,n}^k)^{\bar{\delta}_i}}{\sum_{l=1}^{L} \left[\theta_l \prod_{i=1}^{T_l} (\alpha_{i,n}^l)^{\bar{\delta}_i} \right]} \text{ 且 } \bar{\delta}_i = \frac{\delta_i}{\max_{i=1,\cdots,T_k} \{\delta_i\}} \qquad （6-35）$$

式中，前置属性权重 δ_i 与规则权重 θ_k 的初值可由初始置信规则库中的专家意见给出；$\alpha_{i,n}^k (i = 1, \cdots, T_k)$ 为个体匹配度，表示在第 k 条规则里，第 i 个前置属性变量值在参考值 A_i^k 上的置信度分布。

$\theta_k \prod\limits_{i=1}^{T_k} (\alpha_{i,n}^k)^{\bar{\delta_i}}$ 为复合匹配度，表示第 k 条规则里全部前置属性变量的输入值对于其参考值的匹配度。复合匹配度是置信度 $\alpha_{i,n}^k$ 的单调非递减函数，是属性权重 $\bar{\delta_i}$（或 δ_i）的单调非递增函数。若 $\bar{\delta_i} = 0$，$(\alpha_{i,n}^k)^{\bar{\delta_i}} = 1$，则表示该属性不对第 k 条规则激活权产生任何影响；若 $\bar{\delta_i} = 1$，$(\alpha_{i,n}^k)^{\bar{\delta_i}} = \alpha_{i,n}^k$，则表示该属性对第 k 条规则的激活权产生的影响达到最大值。针对具体的输入变量值，w_k 由证据推理得到。

3. 证据推理

证据推理方法能较好地处理不确定性的定性或定量问题。基于 L 条置信规则构成的输出结果置信度矩阵，利用上一部分得到的证据激活权，运用证据推理融合全部被激活的证据，以求得最终输出结果的置信度分布。

其基本推导逻辑为：输入推理系统的前置属性信息激活第 k 条规则以及结果信息 D_n，若 D_n 的置信度 $\beta_{n,k}$ 大于 0，那么系统的最终输出须对 D_n 进行权估计，此权决定于第 k 个规则的权重和前置属性的权重。

基本推理过程可用下面的公式表示：

（1）将置信度矩阵中的某个元素 $\beta_{n,k}$ 转化为 Mass 函数 $m_{n,k}$，$m_{n,k}$ 表示第 k 个激活证据对输出结果 D_n 的支持度。设 $m_{D,k}$ 为该证据对结果未知部分的支持度，那么 $m_{n,k}$ 和 $m_{D,k}$ 可通过置信度 $\beta_{n,k}$ 值得到：

$$m_{n,k} = w_k \beta_{n,k}, \ n = 1, 2, \cdots, N; \ k = 1, 2, \cdots, L \tag{6-36}$$

$$m_{D,k} = 1 - \sum_{n=1}^{N} m_{n,k} = 1 - w_k \sum_{n=1}^{N} \beta_{n,k}, \ k = 1, 2, \cdots, L \tag{6-37}$$

设存在两个中间参数 $\bar{m}_{D,k} = 1 - w_k$，$\tilde{m}_{D,k} = w_k \left(1 - \sum\limits_{n=1}^{N} \beta_{n,k} \right)$，则

$$m_{D,k} = \bar{m}_{D,k} + \tilde{m}_{D,k} \tag{6-38}$$

（2）详细的证据推理过程表示如下[170]：

$$\{D_n\} : m_n = \mu \left[\prod_{k=1}^{L} (m_{n,k} + \bar{m}_{D,k} + m_{D,k}) - \prod_{k=1}^{L} (\bar{m}_{D,k} + m_{D,k}) \right], n = 1, 2, \cdots, N$$

$$\tag{6-39}$$

$$\{D\}: \tilde{m}_D = \mu\left[\prod_{k=1}^{L}(\bar{m}_{D,k} + \tilde{m}_{D,k}) - \prod_{k=1}^{L}(\bar{m}_{D,k})\right] \tag{6-40}$$

$$\bar{m}_D = \mu\left[\prod_{k=1}^{L}(\bar{m}_{D,k})\right]$$

式（6-39）与式（6-40）中，

$$\mu = \left[\sum_{i=1}^{N}\prod_{k=1}^{L}(m_{i,k} + \bar{m}_{D,k} + \tilde{m_{D,k}}) - (N-1)\prod_{k=1}^{L}(\bar{m}_{D,k} + \tilde{m_{D,k}})\right]^{-1} \tag{6-41}$$

（3）进一步推导出：

$$\{D_n\}: \beta_n = \frac{m_n}{1 - \bar{m}_D}, n = 1, 2, \cdots, N \tag{6-42}$$

$$\{D\}: \beta_D = \frac{\tilde{m}_D}{1 - \bar{m}_D} \tag{6-43}$$

若对于复合置信度 β_n 以及未知结果部分的复合置信度 β_D 都存在，即

$$\sum_{n=1}^{N}\beta_{n,k} = 1, k = 1, 2, \cdots, L \tag{6-44}$$

那么结果未知部分的置信度 β_D 满足条件：

$$\beta_D = 0 \tag{6-45}$$

（4）依据式（6-44）和式（6-45），可将输出结果已知和未知部分的置信度 (β_n, β_D) 做归一化处理，有[170]：

$$\sum_{n=1}^{N}\beta_{n,k} + \beta_D = 1 \tag{6-46}$$

因此，按照置信度结构，BRB 系统的输出结果可表示为

$$S(y) = \{(D_n, \beta_n), n = 1, 2, \cdots, N\} \tag{6-47}$$

根据式（6-39）~（6-44），最终可得复合置信度的表达式为

$$\beta_n = \frac{\prod_{k=1}^{L}\left(w_k\beta_{n,k} + 1 - w_k\sum_{i=1}^{N}\beta_{i,k}\right) - \prod_{k=1}^{L}\left(1 - w_k\sum_{i=1}^{N}\beta_{i,k}\right)}{\sum_{j=1}^{N}\prod_{k=1}^{L}\left(w_k\beta_{j,k} + 1 - w_k\sum_{i=1}^{N}\beta_{i,k}\right) - (N-1)\prod_{k=1}^{L}\left(1 - w_k\sum_{i=1}^{N}\beta_{i,k}\right) - \prod_{k=1}^{L}(1 - w_k)}$$

$$（6\text{-}48）$$

6.3　驾驶愤怒状态识别模型

6.3.1　置信规则库专家系统构成

本部分将通过建立基于置信规则库推理方法的驾驶人愤怒状态识别模型，来描述驾驶人的个体与环境特征、生理特征、驾驶操作行为特征、车辆运动特征以及驾驶人愤怒状态之间的非线性映射关系。置信规则库（BRB）系统的输入变量涉及愤怒情绪的诱导因素、愤怒后的生理与驾驶行为表现特征，而 BRB 系统的输出变量则为驾驶人的愤怒强度。根据驾驶愤怒状态识别模型的输入特点，可构建一个双层次的 BRB 系统。

BRB 系统的第一层由四个 BRB 子系统构成，其中，驾驶人个体与环境的三个因素（x_1, x_2, x_3）作为第一个 BRB 子系统的输入，推测驾驶人个体与所处的环境状态；驾驶人的三个生理特征因素（x_4, x_5, x_6）作为第二个 BRB 子系统的输入，推测驾驶人的生理状态；驾驶人的三个操作行为特征因素（x_7, x_8, x_9）作为第三个 BRB 子系统的输入，推测驾驶人操作行为状态；驾驶人所操作车辆的三个运动特征因素（x_{10}, x_{11}, x_{12}）作为第四个 BRB 子系统的输入，推测车辆运动状态。

系统的第二层以第一层输出的驾驶人个体与环境状态（u_1）、驾驶人生理特征状态（u_2）、驾驶操作行为状态（u_3）及车辆运动状态（u_4）作为输入，将驾驶人的愤怒状态作为最终结果输出（y）。

考虑到第 3、4 与 5 章仅分析了四种驾驶愤怒强度下相关生理或驾驶行为特征，本部分建立的双层 BRB 系统最终输出的 y 按照愤怒强度也分为四个等级。此外，由于系统的第一层已对输入变量进行了转化，故在第二层中不必对输入进行转化。基于 BRB 的驾驶愤怒状态识别系统如图 6-9 所示。

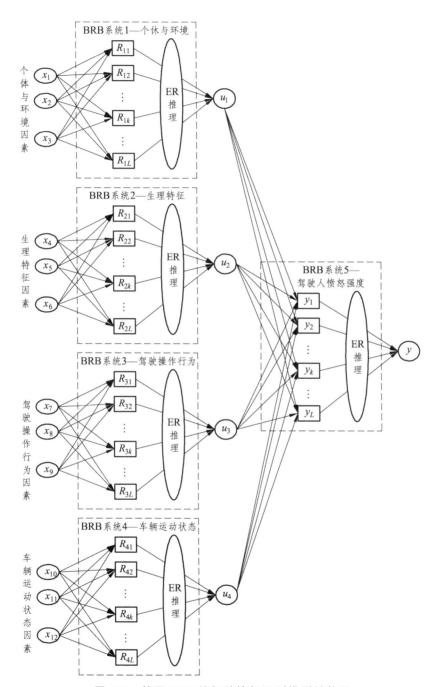

图 6-9　基于 BRB 的驾驶愤怒识别模型结构图

根据图 6-9 所示的驾驶愤怒识别模型结构，该模型的输入变量 X 与输出变量 y 选定如表 6-3 所示。值得注意的是：个体与环境因素的三个输入量是第 3 章基于敏感度分析方法确定的三种愤怒驾驶的决定性诱导因素。其中，输入量 x_1 为驾驶人的年龄；输入量 x_2 为驾驶人的气质，可分为四种：抑郁质、黏液质、多血质与胆汁质，分别设为等级 1、等级 2、等级 3 与等级 4；输入量 x_3 为刺激事件，即周边交通参与者的不良驾驶行为，将其按违法程度划分为四类：文明驾驶-1、前方车辆慢速行驶-2、行人/非机动车横穿-3、加塞抢道-4。而生理特征因素、驾驶操作行为因素、车辆运动状态因素的相关变量均是经特征选择算法 SFFS 筛选而来。

表 6-3　BRB 模型的输入与输出变量定义

前置属性（个体与环境因素）		前置属性（驾驶操作行为因素）	
年龄	x_1	SWA_Std	x_7
气质	x_2	SWA_WDC1_Std	x_8
刺激事件	x_3	PSAP_Mean	x_9
前置属性（生理特征因素）		前置属性（车辆运动状态因素）	
BVP	x_4	Acc_Std	x_{10}
ECG_SampEn	x_5	YR_Std	x_{11}
EEG_β%	x_6	LP_Std	x_{12}
系统输出（驾驶愤怒状态）			
愤怒强度	y		

由于置信规则库推理方法需要进行输入量转化，而该转化需要确定参考值，因此，本章输入量参考值的设定可依据前三章四种驾驶愤怒强度下的相关个体与环境特征、生理特征与驾驶行为特征的统计值进行。根据此特征统计值进行输入量参考值的设定可提高该模型的推理效率与识别精度，参考值的设定结果如表 6-4 所示。

表 6-4　BRB 模型的输入与输出变量的分级及参考值

输入变量	等级	参考值	输入变量	等级	参考值
	1	5		1	0.008 2
x_1	2	10	x_8	2	0.006 3
	3	25		3	0.002 8
	1	1		1	0.292 7
x_2	2	2	x_9	2	0.413 6
	3	3		3	0.552 4
	4	4		1	0.017
	1	1	x_{10}	2	0.034
x_3	2	2		3	0.046
	3	3		1	3.626
	4	4	x_{11}	2	5.324
	1	37.36		3	7.425
x_4	2	38.45		1	0.256
	3	39.62	x_{12}	2	0.274
	1	0.357 2		3	0.292
x_5	2	0.517 3	输出变量	等级	参考值
	3	0.648 1		0	0
	1	0.258 6		1	1
x_6	2	0.326 9	y	2	2
	3	0.367 4		3	3
	1	1.654 7			
x_7	2	2.272 4			
	3	3.162 6			

6.3.2　BRB 模型学习训练

在运用置信规则库（BRB）模型进行推理前，须建立 BRB 初始置信规则库。初始置信规则库一般是具有相关行业背景知识的资深专家根据自身的专业经验以及对大量的历史数据综合分析后编制而来。然而，由于专家经验存在一定的主观局限性，基于专家经验建立的 BRB 推理系统的初始置信库难以准确反映推理系统的输入变量与输出变量之间的映射关系，导致系统的推理结果与实际结果之间存在一定的偏差。因此，在建立初始置信规则库后，须采用一定量的历史数据来优化训练初始置信规则库，进而对其规则权重、前置属性权重以及评价结果元素信度等模型参数进行动态校正，以提高 BBR 系统的推理准确率。最后，可采用未用的样本数据来测试检验优化后的 BRB 系统的准确性。BBR 系统的优化学习模型如图 6-10 所示。

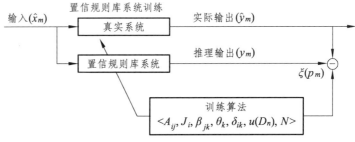

图 6-10　BRB 系统的优化学习模型

在图 6-10 中，$\hat{x}_m$ 为第 m 组训练样本的输入；y_m 为第 m 组 BBR 系统的推理输出；$\hat{y}_m$ 为第 m 组训练样本的实际输出。$p = p\{\beta_{jk}, \theta_k, \delta_{ik} | j = 1, 2, \cdots, N; i = 1, 2, \cdots, M; k = 1, 2, \cdots, L\}$ 为 BRB 系统的可调参数集，是 BRB 系统优化学习的对象；m 是训练样本组数；$\xi(p_m)$ 为第 m 组样本的实际输出与真实输出之间的差值。建立如下优化目标函数：

$$\min \xi(p) = \frac{\sum_{m=1}^{M} (y_m - \hat{y}_m)^2}{M} \tag{6-49}$$

$$\text{s.t. } 0 \leqslant \beta_{jk}, \theta_k, \delta_{ik} \leqslant 1$$

BRB 的优化学习即通过调整参数集 p，使目标函数值达到最小。此优化问题可归结为带有线性约束的多目标优化问题。

通常，BRB 推理系统的初始置信规则库通过如下几种方法构建：

（1）依据相关领域的专家知识制订；

（2）依据可靠的历史样本数据制订；

（3）依据前期的类似工况制订；

（4）若无先验知识，可在输入量的取值范围内选取可调参数来制定。

由于国内驾驶愤怒状态研究领域的相关研究较少，本书依据本课题组的大量实验数据，包括问卷调查、模拟驾驶实验及实车实验数据的统计分析值构建了五个 BRB 子系统的初始置信规则库，如表 6-5 至表 6-9 所示。

表 6-5　BRB 系统 1 的初始置信规则库

规则数目	变量输入 X_1（个体与环境因素）				系统输出 u_1（置信度）		
	前置属性权重	1	1	1			
	规则权重	x_1	x_2	x_3	Con_L	Con_M	Con_H
1	1	1	1	1	1	0	0
2	1	1	1	2	0.7	0.3	0
3	1	1	1	3	0.5	0.4	0.1
…	…	…	…	…	…	…	…
46	1	3	4	2	0.1	0.6	0.3
47	1	3	4	3	0.1	0.3	0.6
48	1	3	4	4	0	0	1

表 6-6　BRB 系统 2 的初始置信规则库

规则数目	变量输入 X_2（生理特征因素）				系统输出 u_2（置信度）		
	前置属性权重	1	1	1			
	规则权重	x_4	x_5	x_6	Phy_L	Phy_M	Phy_H
1	1	1	1	1	0.9	0.1	0
2	1	1	1	2	0.3	0.7	0
3	1	1	1	3	0.2	0.6	0.2
…	…	…	…	…	…	…	…
25	1	3	3	1	0	0.7	0.3
26	1	3	3	2	0.1	0.4	0.5
27	1	3	3	3	0	0	1

表 6-7　BRB 系统 3 的初始置信规则库

规则数目	变量输入 X_3（驾驶操作行为因素）				系统输出 u_3（置信度）		
	前置属性权重	1	1	1			
	规则权重	x_7	x_8	x_9	Oper_L	Oper_M	Oper_H
1	1	1	1	1	0.9	0.1	0
2	1	1	1	2	0.3	0.7	0
3	1	1	1	3	0.2	0.6	0.2
…	…	…	…	…	…	…	…
25	1	3	3	1	0	0.7	0.3
26	1	3	3	2	0.1	0.4	0.5
27	1	3	3	3	0	0	1

表 6-8　BRB 系统 4 的初始置信规则库

规则数目	变量输入 X_4（车辆运动状态因素）				系统输出 u_4（置信度）		
	前置属性权重	1	1	1			
	规则权重	x_{10}	x_{11}	x_{12}	Veh_L	Veh_M	Veh_H
1	1	1	1	1	0.8	0.2	0
2	1	1	1	2	0.3	0.6	0.1
3	1	1	1	3	0.2	0.7	0.1
…	…	…	…	…	…	…	…
25	1	3	3	1	0.4	0.5	0.1
26	1	3	3	2	0.2	0.6	0.2
27	1	3	3	3	0.1	0.1	0.8

表 6-9　BRB 系统 5 的初始置信规则库

规则数目	变量输入 u（中间因素）					系统输出 y（置信度）			
	前置属性权重	1	1	1	1				
	规则权重	u_1	u_2	u_3	u_4	Ang_N	Ang_L	Ang_M	Ang_H
1	1	1	1	1	1	0.9	0.1	0	0
2	1	1	1	1	2	0.5	0.4	0.1	0
3	1	1	1	1	3	0.3	0.4	0.2	0.1
…	…	…	…	…	…	…	…	…	…
79	1	3	3	3	1	0	0.2	0.7	0.1
80	1	3	3	3	2	0	0.1	0.3	0.6
81	1	3	3	3	3	0	0	0.1	0.9

BRB 系统 1 的初始置信规则库如表 6-5 所示，其置信规则可表示如下：

$$
\begin{aligned}
R_k^1: &\ If\ x_1\ is\ A_1^k \wedge x_2\ is\ A_2^k \wedge x_3\ is\ A_3^k, \\
&\ Then\ \{(Con\_L, \beta_{1k}), (Con\_M, \beta_{2k}), (Con\_H, \beta_{Nk})\}
\end{aligned}
\tag{6-50}
$$

其中 A_1^k，A_2^k，A_3^k 分别是输入量 x_1，x_2，x_3 的参考值，而 x_1，x_2，x_3 分别有 3，4，4 个参考等级，因此共有 3*4*4 条置信规则，Con_L，Con_M，Con_H 分别为 BRB 系统 1 输出的三个驾驶愤怒诱导因素等级。

其他四个 BRB 子系统可按此特点依次构建。

制订完五个 BRB 子系统的初始置信规则库，鉴于专家经验具有较强的主观性，以及实验数据统计的不确定性，初始置信规则库在推理时会出现一定程度的误差，因此有必要对其进行优化学习，以提高 BRB 模型的识别准确率。本节运用 6.2 节介绍的 BRB 优化学习模型对其模型参数进行优化训练。由于优化过程涉及线性约束的多目标优化问题，可通过调用 Matlab 软件里的 Fmincon 函数来解决该优化问题。选用 1 590 组实验样本数据，其中，704 个正常驾驶样本（none anger），420 个低强度愤怒样本，310 个中强度愤怒样本，156 个高强度愤怒样本。将实验样本数据中的 50% 用来训练优化 BRB 模型，剩下的 50% 作为测试集，用来测试模型的准确率。表 6-10 为 BRB 系统 5 学习优化后的置信规则库。

表 6-10　BRB 系统 5 学习优化后的置信规则库

规则数目	变量输入 u（中间因素）					系统输出 y 的置信度			
	前置属性权重	1	0.98247	0.912783	0.84673				
	规则权重	u_1	u_2	u_3	u_4	Ang_N	Ang_L	Ang_M	Ang_H
1	0.934925	1	1	1	1	0.961366	0.00E+00	0.018771	0.019863
2	0.961979	1	1	1	2	0.830481	0.00E+00	0.04524	0.124279
3	0.975083	1	1	1	3	0.807642	0.00E+00	0.047995	0.144363
...	...	...	...	...	...	...	...	...	...
79	0.984546	3	3	3	1	0.00E+00	0.975131	0.014712	0.010157
80	0.985438	3	3	3	2	0.015925	0.000894	0.00E+00	0.983181
81	0.983981	3	3	3	3	5.61E-06	7.52E-06	0	0.999955

本书 BRB 系统输出的估计值是评价结果参考值与其置信度的加权之和，即

$$Anger(y) = D_1\beta_1 + D_2\beta_2 + D_3\beta_3 + D_4\beta_4 \qquad (6\text{-}51)$$

因此，估计值 $Anger(y)$ 为 0 与 3 之间的连续量。为了便于比较 BRB 模型推理的愤怒强度与实际愤怒强度之间的差异，须将该估计值转化为可供判别的离散量，过程如下：

$$Estimated\_Anger(y) = \begin{cases} 0, & 0 \leqslant Anger(y) \leqslant 0.5 \\ 1, & 0.5 < Anger(y) \leqslant 1.5 \\ 2, & 1.5 < Anger(y) \leqslant 2.5 \\ 3, & 2.5 < Anger(y) \leqslant 3 \end{cases} \qquad (6\text{-}52)$$

6.3.3 模型评价

为了验证本书建立的基于 BRB 的驾驶愤怒状态识别模型的有效性，须对模型识别准确率进行测试，并与 back propagation neural networks（BPNN），least square support vector machine（LSSVM），naïve bayes classifier（NBC）、k-nearest neighbor（KNN）以及 C4.5（一种高级决策树算法）等五种驾驶人状态识别领域常用的分类器的识别结果进行对比分析。采用测试集样本对该模型进行测试与评价，评价指标采用第 4 章介绍的 TPR，FPR 以及 AUC，PPA，F1 和 Acc。六种分类模型识别不同强度驾驶愤怒状态下的 ROC 曲线如图 6-11 所示。

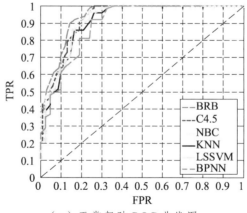

（a）正常驾驶 ROC 曲线图

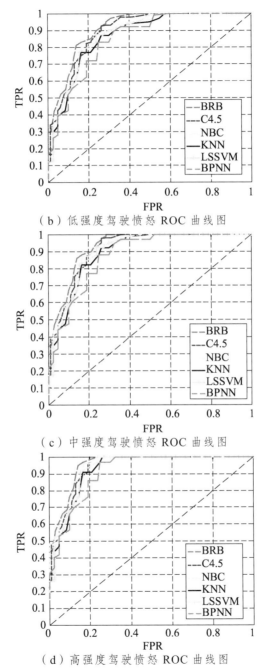

（b）低强度驾驶愤怒 ROC 曲线图

（c）中强度驾驶愤怒 ROC 曲线图

（d）高强度驾驶愤怒 ROC 曲线图

图 6-11　六种分类模型识别不同强度驾驶愤怒状态的 ROC 曲线图

通过图 6-11 可看出，对于四种愤怒强度，基于 BRB 的驾驶愤怒状态分类器的 ROC 曲线下面积（AUC）均比其他五种分类器大。根据第 5 章的内容介绍可知，AUC 是衡量分类器分类能力的一个重要指标，AUC 越大，分类器的分类效果越好，因此，本书建立的 BRB 模型对驾驶愤怒强度的分类能力，即识别能力要强于 C4.5, NBC, KNN, LSSVM 和 BPNN 等五种分类器的分类能力。此外，通过图 6-11 还可看出，这几种分类器对正常驾驶与高强度愤怒驾驶状态的识别能力要高于对低强度与中强度愤怒驾驶状态的识别能力。除了评价指标 AUC，BRB 模型对四种强度的驾驶愤怒状态的其他识别效果如查全率（TPR）、查准率（PPA）及综合指标 F1 也均高于其他五种分类器，如图 6-12 所示。从图 6-12 也可看出，BRB 模型对高强度驾驶愤怒状态识别的 TPR, PPA 和 F1 也明显较其他愤怒状态下高，即对高强度驾驶愤怒状态的识别效果最好（灵敏度达90.98%），其次为正常驾驶状态（灵敏度为 83.66%），再次为低强度与中强度驾驶愤怒状态（灵敏度为 78%左右）。

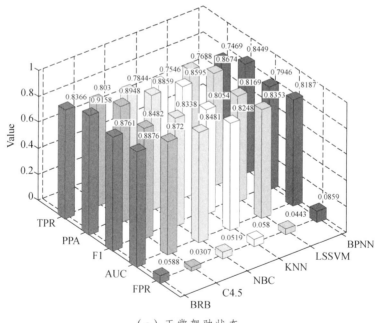

（a）正常驾驶状态

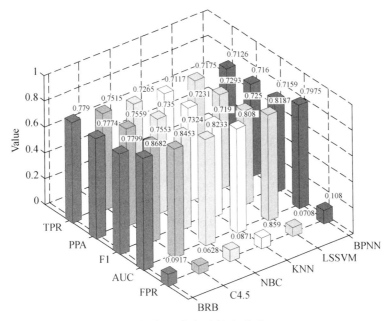

（b）低强度驾驶愤怒状态

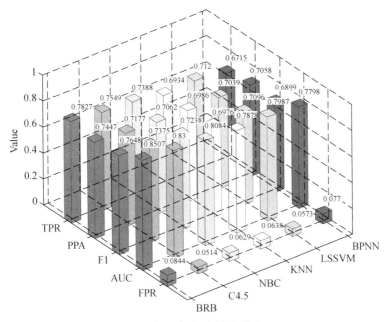

（c）中强度驾驶愤怒状态

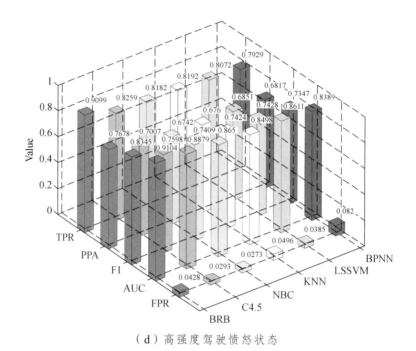

（d）高强度驾驶愤怒状态

图 6-12   六种分类模型对四种强度的驾驶愤怒状态识别效果

将六种分类器对这四种驾驶愤怒状态的分类效果，即 TPR, PPA, F1, AUC, Acc 和 FPR 等评价指标进行统计分析，结果如表 6-11 所示。从表 6-11 可看出，相对于 C4.5, NBC, KNN, LSSVM 和 BPNN 等分类模型，BRB 模型的 TPR, PPA, F1, AUC 和 Acc 的平均值最高，分别达到 0.827 1, 0.801 4, 0.813 8, 0.879 2, 0.821 5。但是，BRB 模型的假阳率（FPR = 0.069 4）并不是所有模型中最低的。根据相关专家经验知识，在驾驶人状态检测领域，该假阳率仍是可接受的。另外，BRB 模型对四种强度驾驶愤怒状态的平均识别准确率（Acc）达到 84.26%，比 C4.5, NBC, KNN, LSSVM 和 BPNN 分别高 2.91%, 3.79%, 8.43%, 4.69% 和 9.18%。

因此，本书建立的 BRB 模型对四种强度的驾驶愤怒状态的识别效果比其他五种分类模型的识别效果好。

表 6-11　六种分类模型对驾驶愤怒状态的分类效果对比

	BRB	C4.5	NBC	KNN	LSSVM	BPNN
TPR	0.827 1	0.783 8	0.767 0	0.744 7	0.751 4	0.731 0
PPA	0.801 4	0.767 3	0.750 3	0.739 3	0.746 4	0.737 1
F1	0.813 8	0.775 2	0.757 7	0.741 1	0.748 6	0.733 8
AUC	0.879 2	0.858 8	0.836 2	0.817 6	0.828 5	0.808 7
FPR	0.069 4	0.043 6	0.057 3	0.064 3	0.052 7	0.088 2
Acc	0.842 6	0.813 5	0.804 7	0.758 3	0.795 7	0.750 8

此外，考虑到实际驾驶过程中对驾驶人愤怒状态的检测须具备一定的实时性，因此，对以上六种检测模型的训练用时进行了测试统计，测试机器系统为 Intel（R）Core（TM）i3 CPU M370 @2.40GHz，RAM 4G。统计结果如图 6-13 所示。从图 6-13 可看出，本书的置信规则库算法 BRB 的训练用时（0.626 ms）比 C4.5，NBC，KNN 的识别算法稍长，但明显比 SVM 和 BPNN 的训练用时短。另外，该模型训练用时显著低于各信号采集设备的采样周期。总的来说，本算法对于驾驶愤怒状态检测具有较强的实时性。

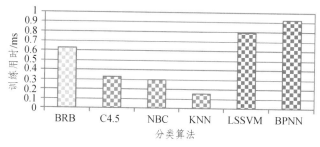

图 6-13　六种识别算法的训练用时

6.4　驾驶愤怒状态自适应识别方法

6.4.1　个体差异性对愤怒状态识别模型的影响

由于驾驶风格（习惯）或驾驶经验等方面的个体差异性，不同驾驶人的驾驶行为可能有所不同，同时，不同驾驶人由于性别、年龄的不同而导致其生理特征也可能存在一定的差异性。因此，除了情绪（愤怒）状态能影响驾驶人的生理与驾驶行为特征之外，驾驶人之间的个体差异性也能对这两类特征造成一定程度的影响，进而影响驾驶愤怒状态识别模型的检测准确度。

为了简要说明个体差异性对模型识别效果的影响，本部分采用6.3节建立的驾驶愤怒状态识别模型对其中15名具有不同年龄、气质的被试的愤怒状态进行识别，识别结果如表6-12所示。

表 6-12 驾驶愤怒识别模型对不同被试的检测结果

被试编号	TPR/%	PPA/%	Acc/%	被试编号	TPR/%	PPA/%	Acc/%
1	76.18	71.73	84.08	9	76.34	**89.67**	77.58
2	82.91	**71.61**	83.27	10	96.81	75.31	84.22
3	86.03	83.07	88.03	11	79.02	84.32	**93.46**
4	89.31	79.08	90.82	12	87.20	85.15	79.64
5	**91.98**	78.96	90.93	13	81.56	78.68	86.49
6	83.23	88.66	79.08	14	88.04	81.43	82.91
7	**73.76**	81.89	84.72	15	78.12	73.14	90.96
8	78.26	81.33	**76.98**	平均	83.25	80.27	84.88

从表6-12可看出，对于不同被试，原始的驾驶愤怒状态识别模型在查全率（TPR）、查准率（PPA）、准确率（Acc）等指标上均存在差异性。具有最高TPR（91.98%）与最低TPR（73.76%）的被试分别为第5号与第7号；具有最高PPA（89.67%）与最低PPA（71.61%）的被试分别为第9号与第2号；具有最高Acc（93.46%）与最低Acc（76.98%）的被试分别为第11号与第8号。所有被试的平均TPR为84.59%，平均PPA为81.93%，平均Acc为86.68%。

为了进一步研究不同被试的个体差异性对驾驶愤怒状态识别结果的影响，本部分以血流量脉冲（BVP）为例阐述不同被试在不同愤怒强度下的BVP变化特征。针对每名被试，运用方差分析检验不同愤怒强度下的BVP差异性，结果如表6-13所示（显著性水平设为0.05）：

表 6-13　不同被试在不同驾驶愤怒强度下的 BVP 差异性

被试编号	正常	低强度愤怒	中强度愤怒	高强度愤怒	F 值	P 值
1	36.333	37.725	38.889	40.786	9.290	0.037
2	35.720	37.213	38.375	40.384	10.761	0.042
3	39.326	40.866	42.200	44.265	11.097	0.013
4	41.444	43.033	44.307	46.540	12.409	0.025
5	41.517	43.146	44.419	46.359	9.838	0.029
6	32.540	34.038	35.456	37.473	8.215	0.031
7	36.822	38.178	39.494	41.487	9.967	0.018
8	32.946	32.369	32.677	33.203	3.927	**0.126**
9	32.404	32.798	33.231	33.391	1.654	**0.204**
10	36.439	38.140	39.358	41.196	11.396	0.011
11	43.443	41.878	40.231	38.306	10.267	0.034
12	32.968	34.525	35.891	37.811	12.038	0.015
13	38.160	39.632	40.901	42.910	7.455	0.035
14	35.444	37.014	38.323	40.274	9.833	0.023
15	41.553	42.975	44.160	46.187	8.470	0.043

　　基于表 6-13 可知，除了 8，9 号被试，其余被试的 BVP 在不同愤怒强度之间均存在显著性差异。8 号被试（$F = 3.927$，$P = 0.126 > 0.05$）与 9 号被试（$F = 1.654$，$P = 0.204 > 0.05$）在不愤怒强度下的 BVP 没有显著性差异。基于视频回放以及被试的自我报告可知，8 号被试与 9 号被试确实产生了不同程度的愤怒情绪，但其 BVP 值没有发生显著变化。通过表 6-13 还可看出：11 号被试的 BVP 值随着愤怒强度的增大而减小，而其他被试的 BVP 值均随着愤怒强度的增大而增大，即 11 号被试的 BVP 的变化趋势与其他被试相反。因此，这些个体差异性都会削弱因愤怒情绪引起的 BVP 的差异。总之，在同一愤怒状态水平下，不同被试的 BVP 存在较大差异；而对于不同的被试，其 BVP 值可能随着愤怒强度的增大而呈现不同的变化趋势。因此，对所有被试采用同一识别模型可能不合适。

6.4.2　自适应识别方法

驾驶愤怒状态识别的准确度会受驾驶人个体差异的影响，但是，同一被试的愤怒特征（生理或行为）在不同时间段又具有较强的稳定性，因此，基于被试正常驾驶时的个体特征包括生理或驾驶行为特征的在线学习，也可检测到被试愤怒状态的变化。因此，本书采用一种驾驶状态自适应识别方法，以降低驾驶人的个体差异性对其愤怒状态识别的影响，从而提高识别模型的鲁棒性和精度。

对于 6.1.4 部分求得的最优特征子集 {BVP，ECG_SampEn，EEG_β%，Acc_Std，YR_Std，LP_Std，SWA_Std，SWA_WDC1_Std，PSAP_Mean}，计算每位被试的每个最优特征在正常状态下的均值，并将该均值作为参考值。设第 m 名被试在正常驾驶状态下的第 n 个特征参数 U_{mn}^0 的均值为 V_{mn}^0，即参考值，则有

$$V_{mn}^0 = \frac{1}{N}\sum_{i=1}^{N} U_{mn}^0 \qquad (6\text{-}53)$$

将第 m 名被试在其他驾驶状态下的第 n 个特征参数记为 U_{mn}，那么将该驾驶人的第 n 个个性特征参数记为 W_{mn}，即

$$W_{mn} = \frac{U_{mn}}{V_{mn}^0} \qquad (6\text{-}54)$$

将所有被试的全部最优特征的个性特征参数作为新的训练样本库，基于 6.3 节内容构建了基于 BRB 的驾驶愤怒状态自适应识别模型。

本书将每名被试前 15 min 的正常驾驶状态数据作为参考数据，即将此状态下各最优特征的均值作为参考指标，根据公式（6-54）构建新的驾驶愤怒特征空间，进而可将个体差异消除。该自适应识别模型的构建流程如图 6-14 所示。

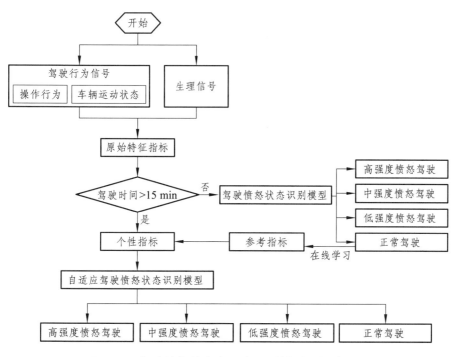

图 6-14　驾驶愤怒状态自适应识别模型的构建流程

为了验证驾驶愤怒状态自适应识别模型的有效性，再次采用之前的
15 名被试的样本数据进行测试，测试结果如表 6-14 所示。从表 6-14 可看
出，自适应识别模型测试的 TPR，PPA 与 Acc 的平均值较原始识别模型分
别高 1.34%，1.66%，1.80%。因此，本书提出的个体差异性消除方法，可
增强驾驶愤怒状态识别模型对不同被试的适用性，从而提高驾驶愤怒状
态识别模型的准确率。

表 6-14　驾驶愤怒状态自适应识别模型对不同被试的测试结果

被试编号	TPR/%	PPA/%	Acc/%	被试编号	TPR/%	PPA/%	Acc/%
1	82.05	75.26	81.35	5	84.08	84.83	87.59
2	87.50	84.35	91.35	6	74.36	87.27	78.85
3	88.75	77.83	88.43	7	80.85	76.48	86.26
4	93.61	80.40	86.53	8	91.82	88.37	94.70

被试编号	TPR/%	PPA/%	Acc/%	被试编号	TPR/%	PPA/%	Acc/%
9	79.69	85.37	87.17	13	75.25	80.55	87.84
10	89.85	81.73	86.89	14	84.06	82.19	88.81
11	85.67	81.09	83.01	15	79.01	82.33	84.82
12	92.23	80.98	86.53	平均	84.59	81.93	86.68

6.5 小结

本章以序列浮动前向选择 SFFS 算法对驾驶愤怒有效特征参数全集进行选择优化，建立了含有 BVP，ECG_SampEn，Acc_Std 等九个特征的最优特征子集。在最优特征子集的基础上融入驾驶人年龄、气质与刺激事件三种环境特征，建立了基于置信规则库（BRB）的驾驶愤怒状态识别模型，并将该模型的识别效果与 C4.5，NBC，KNN，LSSVM 和 BPNN等五种常用的分类模型进行了对比分析，验证了该模型的有效性，同时考虑驾驶人的个体差异性，建立了驾驶愤怒状态自适应识别模型，提高了识别模型的泛化能力与准确率。

<<<<< 第 7 章

结论与展望

7.1 研究工作总结

"路怒症"已逐渐成为一种影响交通安全的社会问题，世界各国有关"路怒症"诱发交通事故的报道也层出不穷。国外相关研究表明，驾驶人产生愤怒情绪后，其感知、判断、决策与执行能力都会下降，最终影响其驾驶绩效，导致交通违规或交通事故的发生。但大部分的研究集中在愤怒诱导因素以及愤怒后的表现等方面，而且采用的实验手段主要是问卷调查。考虑到文化背景、生活方式或节奏、驾驶风格、交通素质或安全意识以及交通规则等方面的差异，国外的研究成果不能直接应用于我国国内的"路怒症"问题，而且目前鲜有有关驾驶情绪尤其是驾驶愤怒情绪检测等方面的研究。因此，针对上述问题，本书开展了如下研究工作：

（1）设计了愤怒驾驶模拟实验和实车实验。包括愤怒情绪诱导方法、实验场景、实验数据的采集种类、实验被试、实验要求与实验步骤等。

（2）建立了驾驶愤怒强度预测模型。基于驾驶人的个体、交通环境因素与驾驶人愤怒强度之间的相关性，建立了驾驶人愤怒强度预测（选择）模型，并基于敏感度分析，确定了对驾驶人愤怒情绪有决定性作用的诱导因素即年龄、气质（性格）与周围车辆的不文明驾驶行为，实现了对驾驶愤怒行为诱发机理的深度挖掘。可在实际驾驶培训和交通管控中对这些因素进行针对性的控制、改善和消除。

（3）研究了不同愤怒强度下的生理特征。采用多种时域或频域特征生成方法提取了不同愤怒强度下的生理特征，如 BVP，ECG 样本熵及 EEG 相对功率谱等。基于这些客观的生理指标，运用接受者操作特征曲线（ROC）分析方法确定了不同愤怒强度的最佳判别阈值，进一步完成了对不同驾驶愤怒强度的精确标定。

（4）研究了不同愤怒强度下的驾驶行为特征。采用方差分析方法提取愤怒情绪下的驾驶行为特征即驾驶操作行为和车辆运行状态特征，如方向盘转角标准差、方向盘转角信号第 1 层小波系数标准差、加速踏板踩踏速度及车道位置标准差、加速度与横摆角速度标准差，等等。这些特征值均随着驾驶愤怒强度的增大而增大。

（5）建立了基于信息融合的驾驶人愤怒状态识别模型。本书综合考虑了驾驶人个体特征以及当前时刻诱发情绪的交通场景、刺激事件和驾驶环境因素，并采用 SFFS 特征选择算法从当前愤怒状态下的生理、驾驶行为等可观测指标中选择最优特征指标，建立了基于置信规则库的驾驶愤怒状态自适应识别模型，以提高驾驶愤怒强度检测的准确性。

基于本书的研究工作，今后可根据不同的愤怒强度，选用不同的干预措施。例如，当驾驶状态监测系统如 ADAS（advanced driver assistant systems）检测到驾驶人处于低等愤怒状态时，可通过其人机交互接口释放舒缓的音乐或与驾驶人进行良性互动对话以平复其愤怒情绪。当系统检测到驾驶人处于中、高等愤怒状态时，其人机共驾系统可协助甚至接管驾驶人对方向盘、制动踏板或加速踏板的控制，以防驾驶人产生危险驾驶行为，有效降低"路怒症"对道路安全的影响。因此，本书研究结果可为实施情绪检测与干预的 ADAS 设计提供理论支撑。

7.2 主要创新点

本书的创新点主要有以下几点：

（1）提出了基于特殊场景与车-车交互的愤怒情绪诱导模拟实验方法，以及基于实际交通事件刺激的愤怒情绪诱导实车实验方法，以便全面研究驾驶人在不同愤怒强度下的生理与驾驶行为特征。

（2）提出了基于驾驶人个体、交通环境因素的驾驶愤怒强度选择（预测）模型，并对这些诱发因素进行了敏感度分析，确定了对驾驶人愤怒情绪有决定性作用的诱发因素。

（3）提出了基于客观生理指标与 ROC 曲线的分析方法，确定了不同愤怒强度的最佳判别阈值，从而为驾驶愤怒（路怒症）分级预警或干预提供理论支撑。

（4）提出了融合驾驶人个体与环境特征、生理特征及驾驶行为特征的驾驶人愤怒状态识别模型，采用了驾驶人状态检测领域尚无的置信规则库推理方法。同时考虑驾驶人的个体差异性，提出了驾驶愤怒状态自适应识别方法，提高了模型的泛化能力与准确率。

7.3　研究展望

本书基于模拟实验与实车实验开展了驾驶愤怒情绪的诱导因素、愤怒情绪下的生理与驾驶行为特征的研究，并在此基础上建立了基于信息融合的驾驶愤怒状态识别模型。但受限于时间、人员及数据，本书研究还存在不足，需在以下几方面进一步开展研究：

（1）首先，考虑到实车实验过程的安全性，本书招募的被试的年龄偏大；由于女性驾驶人比例偏低，实际招募过程中较难招募到。另外，为了尽可能诱发出被试的愤怒情绪以提高统计力度，本书招募的女性被试较少。因此，本书的被试样本较小，不能充分反映我国驾驶人的普遍特点，需要在今后的工作中进一步补充年龄与性别比例较为合理的被试样本。

其次，本书是在武汉市区（典型的中部城市）开展的实车实验，考虑到各地的驾驶习惯、交通安全意识与素质的不同，导致愤怒刺激场景的不同，未来还需在其他城市开展实验。

最后，本书的被试都是小轿车驾驶人，未来还可考虑卡车或公交车等其他车型驾驶人。

（2）实验过程中采用生物反馈仪与脑电记录仪来采集被试的生理与脑电信号，而这种设备需要在被试的皮肤表面或头皮表面贴入电极，具有一定的侵入性，可能会引起驾驶人的不适，甚至干扰其自然驾驶行为。为此，今后可考虑采用无侵入性的可穿戴设备采集被试的生理信号。

（3）本书在进行特征选择时，采用的是 SFFS 算法，而该算法的计算量较大，今后可进一步研究高效的特征选择算法，以满足驾驶愤怒状态检测的实时性要求。另外，本书采用的训练样本的平衡性较弱，即高强度愤怒样本明显比其他强度的愤怒样本少，今后可采用更好的优化学习模型以减少样本不平衡对置信规则库的参数的影响。

参考文献

[1] World Health Organization. Global status report on safety: time for action [R]. Genevese, Swiss: World Health Organization, 2009.

[2] 公安部交通管理局. 中华人民共和国道路交通事故统计年报（2012）[R]. 无锡：公安部交通管理科学研究所，2012.

[3] 公安部交通管理局. 中华人民共和国道路交通事故统计年报（2011）[R]. 无锡：公安部交通管理科学研究所，2011.

[4] 吴超仲，雷虎. 汽车驾驶愤怒情绪研究现状与展望[J]. 中国安全科学学报，2010, 20(7): 3-8.

[5] DAHLEN E R, MARTIN R C, RAGAN K, et al. Driving anger, sensation seeking, impulsiveness, and boredom proneness in the prediction of unsafe driving[J]. Accident Analysis and Prevention, 2005, 37(2): 341-348.

[6] NHTSA. Traffic safety facts 2007: a compilation of motor vehicle crash data from the fatality analysis reporting system and the general estimates system[R]. Washington DC: National Highway Traffic Safety Administration, 2007: 32 - 43.

[7] Mirror News. Shocking moment man is crushed in horrific hit-and-run road rage attack[EB/OL]. http: //www. mirror. co. uk/news/world-news/shocking-moment-man-crushed-horrific-3868810. 07/16/2014.

[8] ABC 7 News. Possible 'road rage' shooting leaves one dead, one injured in Southwest D. C [EB/OL]. http: //www. wjla. com/articles/2015/05/d-c-police-investigating-high-speed-chase-shooting-in-se-d-c--114319. html. 05/28/2015.

[9] 司徒祈安. "路怒症"困扰驾车人[N/OL]. 国际先驱导报，（2007-10-23）
[2011-2-24]. http: //news. xinhuanet. com/herald/2007-10/ 23/content_
6927150. htm.

[10] 车来车往. [调查分析]60%车主有"路怒症"多起因违章[OL]. 北京：
搜狐汽车, 2008（2008-05-13）[2011-2-24]. http://auto.sohu.com/20080513/
n256816082. shtml.

[11] 肖舒楠，向楠. 一堵车就冒火 86.5% 的人确认身边不少"路怒族"
[N/OL]. 中国青年报，（2010-06-08）[2011-2-24]. http://zqb. cyol. com/
content/2010-06/08/content_3268301. htm.

[12] 吴潇莹. 首府一些司机患上"路怒症"[OL]. 内蒙古：北方新报，
2009（2009-06-10）[2011-2-24]. http://www. nmg. xinhuanet. com/xwzx/
2009-06/10/content_16771564. htm.

[13] 赵路，张炜利. 警惕高温下的马路杀手[N/OL]. 浙江在线-钱江晚报
[2013-07-17]. http://qjwb. zjol. com. cn/html/2013-07/17/content_2235296.
htm?div=-1#.

[14] 吉和网. 成都女司机被打真实原因揭秘都是路怒症惹的祸[OL].
[2015-05-06]. http://life. 365jilin. com/html/2134256. shtml.

[15] 人民政协网. 预防路怒症，避免北京房山车祸事件重演[OL].[2015-
07-06]. http://www. rmzxb. com. cn/c/2015-07-06/528560. shtml.

[16] 陈安光. 浅议驾驶员情绪对安全行车的影响[J]. 现代交通管理，
2001 (6): 35.

[17] NOVACO R W. The functions and regulation of the arousal of anger [J].
American Psychiatric Association. 1976 (10): 1124-1128.

[18] DEFFENBACHER J L, OETTING E R, LYNCH R S. Development of a
driving anger scale [J]. Psychological Reports, 1994, 74(1): 83-91.

[19] O'BRIEN S, TAY R, WATSON B. An exploration of Australian driving
anger[C]//Proceedings 2002 Road Safety Research, Policing and Education
Conference, Adelaide, SA: 195-201.

[20] SULLMAN M J M, GRAS M E, et al. Driving anger in Spain[J].
Personality and Individual Differences, 2007, 42(4): 701-713.

[21] ISMAIL R, IBRAHIM N, RAD A Z, et al. Angry thoughts and aggressive behavior among Malaysian driver: a preliminary study to test model of accident involvement [J]. European Journal of Social Sciences, 2009, 10(2): 273-282.

[22] YASAK Y, ESIYOK B. Anger amongst turkish drivers: driving anger scale and its adapted, long and short version [J]. Safety Science, 2009, 47(1): 138-144.

[23] STEPHENS A N, GROEGER J A. Anger-congruent behavior transfers across driving situations[J]. Cognition & Emotion, 2011, 25(8): 1423-1438.

[24] UNDERWOOD G, CHAPMAN P, WRIGHT S, et al. Anger while driving [J]. Transportation Research Part F: Traffic Psychology and Behavior, 1999, 2(1): 55-68.

[25] SMART R G, STODUTO G, MANN R E, et al. Road rage experience and behavior: vehicle, exposure, and driver factors [J]. Traffic Injury Prevention, 2004, 5(4): 343-348.

[26] BEATRIZ G I, JOSÉ A G, MA ÁNGELES L M. Driving anger and traffic violations: Gender differences [J]. Transportation Research Part F: Traffic Psychology and Behavior, 2012, 15: 404-412.

[27] DAVID H F. Psychometric adaptation of the driving anger expression inventory in a Spanish sample: differences by age and gender [J]. Transportation Research Part F: Traffic Psychology and Behavior, 2011, 14, 324-329.

[28] GE Y, QU W, JIANG C, et al. The effect of stress and personality on dangerous driving behavior among Chinese drivers [J]. Accident Analysis and Prevention, 2014, 73: 34-40.

[29] LONCZAK H S, NEIGHBORS C, DONOVAN D M. Predicting risky and angry driving as a function of gender [J]. Accident Analysis & Prevention, 2007, 39(3): 536-545.

[30] TURNER C, MCCLURE R. Age and gender differences in risk-taking

behavior as an explanation for high incidence of motor vehicle crashes as a driver in young males [J]. Injury Control & Safety Promotion. 2003 (3): 123-30.

[31] WICKENS C M, WIESENTHAL D L, FLORA D B, et al. Understanding driver anger and aggression: Attributional theory in the driving environment[J]. Journal of Experimental Psychology: Applied, 2011, 17(4): 354-370.

[32] JOVANOVIC D, LIPOVAC K, STANOJEVIC P, et al. The effects of personality traits on driving-related anger and aggressive behavior in traffic among Serbian drivers[J]. Transportation Research Part F: Traffic Psychology and Behavior, 2011, 14(1): 43-53.

[33] LAJUNEN T, PARKER D. Are aggressive people aggressive drivers? A study of the relationship between self-reported general aggressiveness, driver anger and aggressive driving[J]. Accident Analysis & Prevention, 2001, 33(2): 243-255.

[34] 刘江，田萍，荣建，等. 驾驶员气质与行车速度关系的初步研究[J]. 北京工业大学学报，2006, (1): 118-119.

[35] 宋国萍，张侃. 驾驶疲劳对情绪的影响[J]. 中国临床心理学杂志，2006, (3): 248-249.

[36] 朱国锋，何存道. 驾驶员情绪状态研究[J]. 心理科学，2003, (3): 438-440.

[37] 李建平，张平，王丽芳，等. 五种基本情绪自主神经反应模式特异性的实验研究[J]. 中国行为医学科学，2005, (14): 257-259.

[38] CALVO R A, D'MELLO S. Affect detection: An interdisciplinary methods and their applications[J]. IEEE Transaction on Affect Computing, 2010, 1(1): 18-37.

[39] 郑璞，刘聪慧，俞国良. 情绪诱发方法述评[J]. 心理科学进展，2012, 20(1): 45-55.

[40] 刘贤敏，刘昌. 中国古典音乐诱发情绪的生理活动研究[J]. 中国健康心理学杂志，2011, (5): 5-8.

[41] 薛昀赟. 听觉材料诱发恐惧情绪下生理指标的变化和自主神经反应模式的实验研究[D]. 西安：中国人民解放军空军军医大学，2009.

[42] 詹向红，乔明琦，张惠云，等. 正常人群愤怒情志诱发材料选取的实验研究[J]. 中国中医基础医学杂志. 2008, (4): 16-19.

[43] 张迪，万柏坤，明东. 基于生理信号的情绪识别研究进展[J]. 生物医学工程学杂志，2015, 32(1): 229-234.

[44] ABDU R, SHINAR D, MEIRAN N. Situational (state) anger and driving[J]. Transportation Research Part F: Traffic Psychology and Behavior, 2012, 15: 575-580.

[45] 曾红梅，情绪图片视觉诱发 EEG 特征提取与分析[D]. 天津：天津大学，2011.

[46] STEMMER G, HELLMANN M, PAUL'S C A, et al. Constraints for emotion specificity in fear and anger: The context counts [J]. Psychophysiology, 2001, (38): 275-291.

[47] LISETTI C, NASOZ F. Affective intelligent car interfaces with emotion recognition[C]. In Proceedings of 11th International Conference on Human Computer Interaction, Las Vegas, NV, USA, 2005, 1-10.

[48] KATSIS C D, KATERTSIDIS N, GANIATSAS G. Toward emotion recognition in car-racing drivers: A biosignal processing approach[J]. IEEE Transactions on Systems Man and Cybernetics Part A-systems and Humans, 2008, 38(3): 502-512.

[49] CAI H, LIN Y, MOURANT R R. Study on driver emotion in driver-vehicle-environment systems using multiple networked driving simulators[C]//. In Driving Simulation Conference, North America 2007. CD-ROM. Transportation Research Board of the National Academies, North America-Iowa City, 2007, 1-8.

[50] REDSHAW S. Theories of driver behavior and driving emotions [C]// Road Safety Research, Policing and Education Conference, Perth, Western Australia, Australia, 2006: 1-10.

[51] DULA C S, GELLER E S. Risky, aggressive, or emotional driving:

Addressing the need for consistent communication in research [J]. Journal of Safety Research, 2008, 34: 559-566.

[52] ELISABETH W P, CEMINSKY J, HALLBERG V, et al. An exploratory study of the relationship between road rage and crash experience in a representative sample of US drivers[J]. Accident Analysis & Prevention, 2002, 34(3): 271-278.

[53] LEWIS I M, WATSON B C, KATHERINE M W. Predicting future speeding behaviour: The appeal of positive emotional appeals for high risk road users [C]//Proceedings high risk road users—motivating behavior change: what works and what doesn't work? National Conference of the Australasian College of Road Safety and the Travel safe Committee of the Queensland Parliament, Brisbane, 2008, 99-110.

[54] 东白. 驾驶员要抑制消极情绪[J]. 交通与运输，2002, 4: 41-47.

[55] PÊCHER C, LEMERCIER C, CELLIER J M. Emotions drive attention: effects on driver's behavior[J]. Safety Science, 2009, 47(9): 1254-1259.

[56] SHAHAR A. Self-reported driving behaviors as a function of trait anxiety [J]. Accident Analysis & Prevention, 2009, 41(2): 241-245.

[57] 钟铭恩，洪汉池，袁志群. 愤怒情绪对驾驶行为影响的实验 [J]. 重庆理工大学学报（自然科学），2011, 25(10): 6-11.

[58] DEFFENBACHER J L, LYNCH R S, OETTING E R, et al. The driving anger expression inventory: a measure of how people express their anger on the road[J]. Behavior Research and Therapy, 2002, 40(6): 717-737.

[59] DEFFENBACHER J L. Anger, aggression, and risky behavior on the road: a preliminary study of urban and rural differences [J]. Journal of Applied Social Psychology, 2008, 38(1): 22-36.

[60] DAHLEN E R, EDWARDS B D, TUBRE T, et al. Taking a look behind the wheel: An investigation into the personality predictors of aggressive driving [J]. Accident Analysis & Prevention, 2012, 45: 1-9.

[61] MILLAR M. The influence of public self-consciousness and anger on aggressive driving [J]. Personality and Individual Differences, 2007, 43(8): 2116-2126.

[62] STEPHENS A N, GROEGER J A. Situational specificity of trait influences on drivers' evaluations and driving behavior [J]. Transportation Research Part F: Traffic Psychology and Behavior, 2009, 12(1): 29-39.

[63] KOBAYASHI H. The recognition of basic facial expressions by neural network [C]//International Joint Conference on Neural Network, 1991: 460-466.

[64] IRFAN A, ESSA, ALEX P. A vision system for observing and extracting facial action parameters[C]// Proceedings of the Computer Vision and Pattern Recognition Conference. IEEE Computer Society, 1994: 76-83.

[65] MCDUFF, DANIEL, El K, et al. Crowdsourcing facial responses to online videos [J]. IEEE Transactions on Affective Computing, 2012, 3(4): 456-468.

[66] PASCHERO M, GDELVESCOVO, BENUCCI L, et al. A real time classifier for emotion and stress recognition in a vehicle driver [J]. IEEE International Symposium on Industrial Electronics (ISIE), 2012: 1690-1695.

[67] TSUYOSHI M, KHIAT A, NORIKO S. Face analysis of aggressive moods in automobile driving using mutual subspace method[C]//. 21st International Conference on Pattern Recognition (ICPR 2012), 2012, 11(15): 2898-2901.

[68] ABHIRAM K, ALIREZA F, FADI A M, et al. Non-intrasive car driver's emotion recognition using thermal camera[C]//Nonlinear Dynamics and Synchronization (INDS) & 16th Int'l Symposium on Theoretical Electrical Engineering (ISTET), 2011 Joint 3rd Int'l Workshop on. 2011, 1-5.

[69] 张劲. 安全驾驶中的人脸表情识别技术研究[D]. 南京：南京理工大学，2007.

[70] SHASHIDHAR G K, RAO S K. Two stage emotion recognition based on speaking rate [J]. International Journal of Speech Technology, 2011, 14: 35-48.

[71] JUSZKIEWICZ L. Improving speech emotion recognition system for a social robot with speaker recognition[C]//Methods and Models in Automation and Robotics(MMAR), 2014, 19th International Conference On. IEEE, 2014: 921-925.

[72] TAWARI A, TRIVEDI M. Speech based emotion classification framework for driver assistance system[C]// Intelligent Vehicles Symposium (IV), IEEE, 2010: 174-178.

[73] KAMARUDDIN N, WAHAB A. Driver behavior analysis through speech emotion understanding[C]//2010 IEEE Intelligent Vehicles Symposium University of California, San Diego, CA, USA, 2010, 238-243.

[74] JONES C M, JONSSON I M. Detecting emotions in conversations between driver and in-car information systems [C]// ACII'05 Proceedings of the First international conference on Affective Computing and Intelligent Interaction, Berlin, Heidelberg, 2005, 780-787.

[75] JONES C, JONSSON I-M. Using paralinguistic cues in speech to recognize emotions in older car drivers [A]. In: Christian Peter Russell Beale. Affect and Emotion in Human-Computer Interaction[M]. Berlin: Springer, 2008, 229.

[76] GRIMM M, KROSCHEL K, SCHULLER B. et al. Acoustic emotion recognition in car environment using a 3D emotion space approach [J]. Fortschritte Der Akustik, 2007, 33(1): 313.

[77] PICARD R W, VYZAS E, HEALEY J. Toward machine emotional intelligence: Analysis of affective physiological state [J]. IEEE Transactions on Pattern Analysis and Machine Intelligence, 2001, 23 (10): 1175-1191.

[78] LISETTI C L, NASOZ F. Using noninvasive wearable computers to

recognize human emotions from physiological signals[J]. EURASIP Journal of Applied Signal Processing, 2004(11): 672-1687.

[79] WAGNER J, KIM J, ANDRE E. From physiological signals to emotions: Implementing and comparing selected methods for feature extraction and classification[C]//2005 IEEE International Conference on Multimedia and Expo (ICME), 12: 941-944.

[80] CHANEL G, KRONEGG J, GRANDJEAN D, et al. Emotion assessment: Arousal evaluation using EEG and peripheral physiological signals[J]. Multimedia Content Representation Classification and Security, 2006, (4105): 530-537.

[81] LI L, CHEN J. Emotion recognition using physiological signals[M]. Advances in Artificial Reality and Tele-Existence. Berlin: Springer, 2006, 437-446.

[82] CHENG B, LIU G Y. Emotion recognition from surface EMG signal using wavelet transform and neural network[C]//Proceedings of The 2nd International Conference on Bioinformatics and Biomedical Engineering (ICBBE). 2008: 1363-1366.

[83] FLIDLUND A J, IZARD E Z. Electromyography studies of facial expressions of emotions and patterns of emotions [M]. New York: Guilford Press, 1983.

[84] SCHAAFF K, SCHULTZ T. Towards emotion recognition from electroencephalographic signals[C]//In 3rd International Conference on Affective Computing and Intelligent Interaction and Workshops, (ACII 2009), Amsterdam, 2009: 1-6.

[85] CHOI J-S, JAE W B, HWAN H, et al. Evaluation of fear using nonintrusive measurement of multimodal sensors [J]. Sensors, 2015, 15: 17507-17533.

[86] JENNIFER A H, ROSALIND W P. Detecting stress during real-world driving tasks using physiological sensors [J]. IEEE transactions on intelligent transportation systems, 2005, 6(2): 156-166.

[87] WANG J W, GONG Y. Normalizing multi-subject variation for drivers' emotion recognition[C]//. In IEEE International Conference on Multimedia and Expo, 2009, New York, NY, 2009: 354-357.

[88] Katsis C D, Katertsidis N, Ganiatsas G, et al. Toward emotion recognition in car-racing drivers: a biosignal processing approach[J]. IEEE Transactions on Systems Man and Cybernetics Part A-systems and Humans, 2008, 38(3): 502-512.

[89] KATSIS C, GOLETSIS Y, RIGAS G, F, et al. A wearable system for the affective monitoring of car racing drivers during simulated conditions [J]. Transportation Research Part C: Emerging Technologies. 2011, 19: 541-551.

[90] LISETTI C L, NASOZ F. Using noninvasive wearable computers to recognize human emotions from physiological signals [J]. EURASIP Journal on Applied Signal Processing, 2004, 1: 1672-1678.

[91] WANG H, ZHANG C, SHI T, et al. Real-time EEG-based detection of fatigue driving danger for accident prediction[J]. International Journal of Neural Systems, 2015, 25 (02), 1550002.

[92] REBOLLEDO-MENDEZ G, ANGÉLICA, R, SEBASTIAN, P, et al. Developing a body sensor network to detect emotions during driving [J]. IEEE transactions on intelligent transportation systems, 2014, 15(4): 1850-1854.

[93] 钟铭恩，吴平东，彭军强，等. 基于脑电信号的驾驶员情绪状态识别研究[J]. 中国安全科学学报，2011, 21(9): 64-69.

[94] LENG H, LIN Y, ZANZI L. An experimental study on physiological parameters toward driver emotion recognition [J]. Ergonomics and Health Aspects of Work with Computers, 2007: 237-246.

[95] TING P H, HWANG J R, DOONG J L, et al. Driver fatigue and highway driving: a simulator study [J]. Physiology & Behavior, 2008, 94(3): 448-453.

[96] CAI H, LIN Y Z. Modeling of operators' emotion and task performance in

a virtual driving environment[J]. International Journal of Human-Computer Studies, 2011, 69(9): 571-586.

[97] SATHYANARAYANA A, NAGESWAREN S, GHASEMZADEH, H, et al. Body sensor networks for driver distraction identification[C]//In Proceedings of the IEEE International Conference on Vehicular Electronics and Safety (ICVES), Columbus, OH, USA, 2008, 120-125.

[98] 林启万. 基于情绪计算的驾驶行为研究[D]. 广州：广东工业大学, 2014.

[99] KESSOUS L G, CASTELLANO CARIDAKIS G. Multimodal emotion recognition in speech-based interaction using facial expression, body gesture and acoustic analysis [J]. Journal on Multimodal User Interfaces, 2010, 3(1): 33-48.

[100] LANATÀ A, VALENZA G, GRECO A, et al. How the autonomic nervous system and driving style change with incremental stressing conditions during simulated driving[J]. IEEE Transactions on Intelligent Transportation Systems, 2015, 16: 1505-1517.

[101] RIGAS G, GOLETSIS Y, FOTIADIS D I. Real-time driver's stress event detection [J]. IEEE Transactions on Intelligent Transportation Systems, 2012, 13: 221-234.

[102] MALTA L, MIYAJIMA C, KITAOKA N, et al. Analysis of real-world driver's frustration [J]. IEEE Transactions on Intelligent Transportation Systems, 2011, 12: 109-118.

[103] PAUL VAN DEN H, RINDE VAN L, JAAP VAN DER M, et al. Stress assessment of car-drivers using EEG-analysis[C]//. International Conference on Computer Systems and Technologies, CompSys Tech'10, 2010, Sofia, Bulgaria, 473-477.

[104] ANDREAS R, ALOIS F, MOHAMED A. Heart on the road: HRV analysis for monitoring a driver's affective state[C]//Proceedings of the First International Conference on Automotive User Interfaces and Interactive Vehicular Applications(Automotive UI 2009), 2009, Essen,

Germany.

[105] FAN X, BI L, CHEN Z. Using EEG to detect drivers' emotion with Bayesian networks[C]//In International Conference on Machine Learning and Cybernetics. Qingdao, China, 2010, 1177-1181.

[106] ASHISH T, MOHAN T. Speech based emotion classification framework for driver assistance system [C]. Intelligent Vehicles Symposium (IV), 2010 IEEE, 2010, 824-831.

[107] LI N, JAIN J J, BUSSO C. Modeling of driver behavior in real world scenarios using multiple noninvasive sensors [J]. IEEE Transactions on Multimedia. 2013, 15: 1213-1225.

[108] LI N, BUSSO C. Predicting perceived visual and cognitive distractions of drivers with multimodal features. IEEE Transactions on Intelligent Transportation Systems. 2015, 16: 51-65

[109] 孔璐璐. 基于面部表情和脉搏信息融合的驾驶人愤怒情绪研究[D]. 济南：山东大学，2014.

[110] 毛喆，严新平，张晖，等. 驾驶模拟器校验实验方法的研究[J]. 武汉理工大学学报，2010, 32(1): 74-77.

[111] HE Q C, LI W, FAN X M, et al. Driver fatigue evaluation model with integration of multiindicators based on dynamic Bayesian network [J]. IET Intelligent Transport Systems, 2015, 9(5): 547-554.

[112] FEIS R, SMITH S, FILIPPINI N, et al. ICA-based artifact removal diminishes scan site differences in multicenter resting-state FMRI [J]. Frontiers in Neuroscience, 2015, 9: 395.

[113] KWON Y, KIM K, TOMPKINET J, et al. Efficient learning of image superresolution and compression artifact removal with semilocal Gaussian processes[J]. IEEE Transactions on Pattern Analysis and Machine Intelligence, 2015, 37(9): 1792-1805.

[114] BHARDWAJ S, JADHAV P, ADAPA B, et al. Online and automated reliable system design to remove blink and muscle artifact in EEG [C]//37th Annual International Conference of the IEEE Engineering

in Medicine and Biology Society (EMBS), Milan, 2015, 6784-6787.

[115] FENG L, XIANG Y, JIANG L, et al. Driving anger in China: psychometric properties of the driving anger scale (DAS) and its relationship with aggressive driving [J]. Personality & Individual Differences, 2014, 68 (3): 130-135.

[116] 郭双，王君，常若松. 驾驶员驾驶经验对驾驶愤怒的影响[J]. 辽宁师范大学学报（社会科学版），2015, 38(4): 481-485.

[117] MCLINTON S, DOLLARD, F. Work stress and driving anger in Japan[J]. Accident Analysis & Prevention, 2010, 42(1): 174-181.

[118] 吴小梅. 军人心理健康教育读本[M]. 北京：人民军医出版社，2005，328.

[119] 王伟. 人格心理学 [M]. 北京：人民卫生出版社，2013, 210.

[120] DAHLEN R, WHITE P. The big five factors, sensation seeking, and driving anger in the prediction of unsafe driving[J]. Personality & Individual Differences, 2006, 41(5): 903- 915.

[121] SRBESCU P, COSTEA I, RUSU S. Using the alternative five factor personality model to explain driving anger expression[J]. Procedia-Social and Behavioral Sciences, 2012, 33: 273-277.

[122] 冯忠祥. 农村人口出行特征及运力结构分配模型研究[D]. 西安：长安大学，2010.

[123] 关宏志. 非集计模型——交通行为分析的工具[M]. 北京：人民交通出版社，2004.

[124] 朱振荣. 北京开征交通拥挤费的政策探析——一项侧重有效性及困难性的研究[J]. 北京工商大学学报（社会科学版），2007, 22(5): 108-112.

[125] 金安. LOGIT 模型参数估计方法研究[J]. 交通运输系统工程与信息，2004, 4(1): 71-75.

[126] 冯忠祥，袁华智，刘静，等. 驾驶人个人特征对行车速度的影响[J]. 交通运输工程学报，2012, 12(6): 89-96.

[127] SHINAR D, COMPTON R P. Aggressive driving: an observational study of driver, vehicle, and situational variables [J]. Accident Analysis and Prevention, 2004, 36(3): 429- 437.

[128] MILAN V, BORIS A, DALIBOR P, et al. Testing the psychophysical characteristics of professional drivers– Can we identify unsafe drivers? [J]. Transportation Research Part F: Traffic Psychology and Behavior, 2016, 42: 104-116.

[129] YAOSHAN X, YONGJUAN L, JIANG L. The effects of situational factors and impulsiveness on drivers 'intentions to violate traffic rules: Difference of driving experience [J]. Accident Analysis and Prevention, 2014, 62: 54-62.

[130] PETER R, GERALD M, BARRY W, et al. The relative impact of work-related stress, life stress and driving environment stress on driving outcomes[J]. Accident Analysis and Prevention, 2011, 43: 1332-1340.

[131] JANICK N, STÉPHANIE C, CAMILO C, et al. Impatience and time pressure: Subjective reactions of drivers in situations forcing them to stop their car in the road [J]. Transportation Research Part F: Traffic Psychology and Behavior, 2013, 18: 58-71.

[132] CALVO R A, D'MELLO S. Affect detection: An interdisciplinary review of models, methods, and their applications [J]. IEEE Transactions on Affect Computing, 2010, 1(1): 18-37.

[133] LAL S K., CRAIG A, BOORD P, et al. Development of an algorithm for an EEG-based driver fatigue counter measure[J]. Journal of Safety Research, 2003, 34: 321-328.

[134] 李颖洁，邱意弘，等. 脑电信号分析方法及其应用[M]. 北京：科学出版社，2009.

[135] FEDERIEO L, MD. F. Chaos theory, heart rate variability, and arrhythmic mortality [J]. Circulation. 2000, 101(l): 8-10.

[136] 周建芳，罗晓曙，胡叶荣. 脑电信号的样本熵分析[J]. 广西物理，

2007, 28(2): 15-17.

[137] 和卫星，陈晓平，邵珺婷. 基于样本熵的睡眠脑电分期[J]. 江苏大学学报，2009, 30(5): 501-504.

[138] MALLAT S. A wavelet tour of signal processing[M]. San Diego: Academic Press.

[139] YAMAGUCHI C. Wavelet analysis of normal and epileptic EEG[C]// In Proceedings of the Second Joint EMBS/BMES Conference, Huston, TX, USA, 2003, 23-26.

[140] KHANDOKER A H, GUBBI J, PALANISWAMI M. Automated scoring of obstructive sleep apnea and hypopnea events using short-term electrocardiogram recordings[J]. IEEE Transactions on Information Technology in Biomedicine, 2009, 13: 1057-1067.

[141] MURUGAPPAN M, WALI M K, AHMMD R B, et al. Subtractive fuzzy classifier based driver drowsiness levels classification using EEG [C]// In Proceedings of the International Symposium on Communications and Signal Processing, Melmaruvathur, India, 2013, 159-164.

[142] DONALD B P，ANDREW T W. 时间序列分析的小波方法[M]. 程正兴等译. 北京：机械工业出版社，2006.

[143] RIOUL O, VETTERLI M. Wavelets and signal processing [J]. IEEE SP magazine 1991, 8(4): 14-38.

[144] 孙长亮，何峻，肖怀铁. 基于 ROC 曲线的目标识别性能评估方法[J]. 雷达科学与技术，2007, 5(1): 17-21。

[145] 陈卫中，倪宗瓒，潘晓平，等. 用 ROC 曲线确定最佳临界点和可疑值范围[J]. 现代预防医学，2005, 32(7): 729-731.

[146] BECHTEL T, CAPINERI L, WINDSOR C, et al. Comparison of ROC curves for landmine detection by holographic radar with ROC data from other methods[C]//8th International Workshop on Advanced Ground Penetrating Radar. Florence, Italy, 2015, 1-4.

[147] 赵晓华，杜洪吉，荣建. 基于 ROC 曲线的疲劳驾驶判别方法研究[J]. 交通信息与安全，2014, 32(5): 88-94.

[148] ARMITAGE P, COLTON T. Encyclopedia of biostatistics[M]. New York: Jun, 1998.

[149] WAN P, WU C Z, LIN Y Z, et al. Optimal threshold determination for discriminating driving anger intensity based on EEG wavelet features and ROC curve analysis [J]. Information, 2016, 7(52), 7030052.

[150] YEUNG J S, WONG Y D. The effect of road tunnel environment on car following behavior [J]. Accident Analysis and Prevention, 2014, 70: 100-109.

[151] HOOGENDOORN R, HOOGENDOORN S P, BROOKHUIS K, et al. Mental workload, longitudinal driving behavior, and adequacy of car-following models for incidents in other driving lane[J]. Transportation Research Record: Journal of the Transportation Research Board, 2188: 64-73.

[152] VOGEL K. A comparison of headway and time to collision as safety indicators[J]. Accident Analysis and Prevention, 2003, 35(3): 427-433.

[153] EVANS L, WASIELEWSKI P. Do accident-involved drivers exhibit riskier every-day driving behavior[J]. Accident Analysis and Prevention, 1982, 14(1): 57-64.

[154] COVER T M, THOMAS J A. Elements of information theory [M]. New York: John Wiley, 1991.

[155] SOMOL P, PUDIL P, NOVOVIČOVÁ J, et al. Adaptive floating search methods in feature selection[J]. Pattern Recognition Letters, 1999, 20(11): 1157-1163.

[156] PUDIL P, NOVOVIČOVÁ J, Kittler J. Floating search methods in feature selection[J]. Pattern Recognition Letters, 1994, 15(11): 1119-1125.

[157] CORTES C, VAPNIK V. Support vector network[J]. Machine Learning, 1995, 20(3): 273-297.

[158] 杨淑莹. 模式识别与智能计算——MATLAB 技术实现[M]. 北京：

电子工业出版社，2011.

[159] BAZI Y, MELGANI F. Toward an optimal SVM classification system for hyperspectral remote sensing images [J]. IEEE Transactions on Geoscience and Remote Sensing, 2006, 44(11): 3374-3385.

[160] SUYKENS J A K, VANDEWALLE J. Least squares support vector machine classifiers [J]. Neural Processing Letters, 1999, 9(3): 293-300.

[161] KENNEDY J, EBERHART R. Particle swarm optimization[C]//In IEEE International Conference on Neural Networks, 1995, 4: 1942-1948.

[162] CHRIS H Q, DUBCHAK I. Multiclass protein fold recognition using support vector machines and neural netwoks[J]. Bioinformatics, 2001, 17(4): 349-358.

[163] HSU C W, LIN C J. A comparison of methods for multiclass support vector machines[J]. IEEE Transactions on Neural Networks, 2002, 13(2): 415-425.

[164] MATHUR A, FOODY G M. Multiclass and binary SVM classification: implications for training and classification users[J]. IEEE Geoscience and Remote Sensing Letters, 2008, 5(2): 241-245.

[165] VAN G T, SUYKENS A K, BAESENS B, et al. Benchmarking least squares support vector machine classifiers[J]. Machine Learning, 2004, 54(1): 5-32.

[166] MUÑOZ A, DOMINGO M, TRINIDAD M, et al. Integration of body sensor networks and vehicular ad-hoc networks for traffic safety [J]. Sensors, 2016, 107 (16): 1-29.

[167] ZHOU Z, HU C, YANG J, et al. Online updating belief-rule-base using the RIMER approach [J]. IEEE Transactions on Systems, Man and Cybernetics, Part A: Systems and Humans, 2011, 41(6): 1225-1243.

[168] 万平，吴超仲，林英姿，等. 基于置信规则库的驾驶人愤怒情绪识

别模型[J]. 交通运输系统工程与信息，2015, 15(5): 96-102.

[169] YANG J B. Rule and utility based evidential reasoning approach for multiple attribute decision analysis under uncertainty[J]. European Journal of Operational Research, 2001, 131(1): 31-61.

[170] WANG Y M, YANG J B, XU D L. Environmental impact assessment using the evidential reasoning approach[J]. European Journal of Operational Research, 2006, 174(3): 1885-1913.